# 賄賂と民主政

## 古代ギリシアの美徳と犯罪

橋場　弦

講談社学術文庫

目次

マケドニア
トラキア
タソス島
ゼレイア
ヘレスポントス海峡
テッサリア
レムノス島
レスボス島
ミュティレネ
テルモピュライ
アルテミシオン
エウボイア島
エレトリア
プラタイア
キオス島
ボイオティア
カリュドン
デルフォイ
ペイライエウス
テバイ
アテナイ
コリントス湾
マラトン
エフェソス
カリア
エーゲ海
サモス島
エリス
コリントス
メガラ
アッティカ
ミレトス
アルカディア
ミュケナイ
イオニア
オリュンピア
アルゴス
ペロポネソス
サラミス島
デロス島
メッセニア
ナクソス島
スパルタ
ピュロス
コス島
メロス島
イアリュソス
キュテラ島
ロドス島
地中海
クレタ島


ギリシア全図

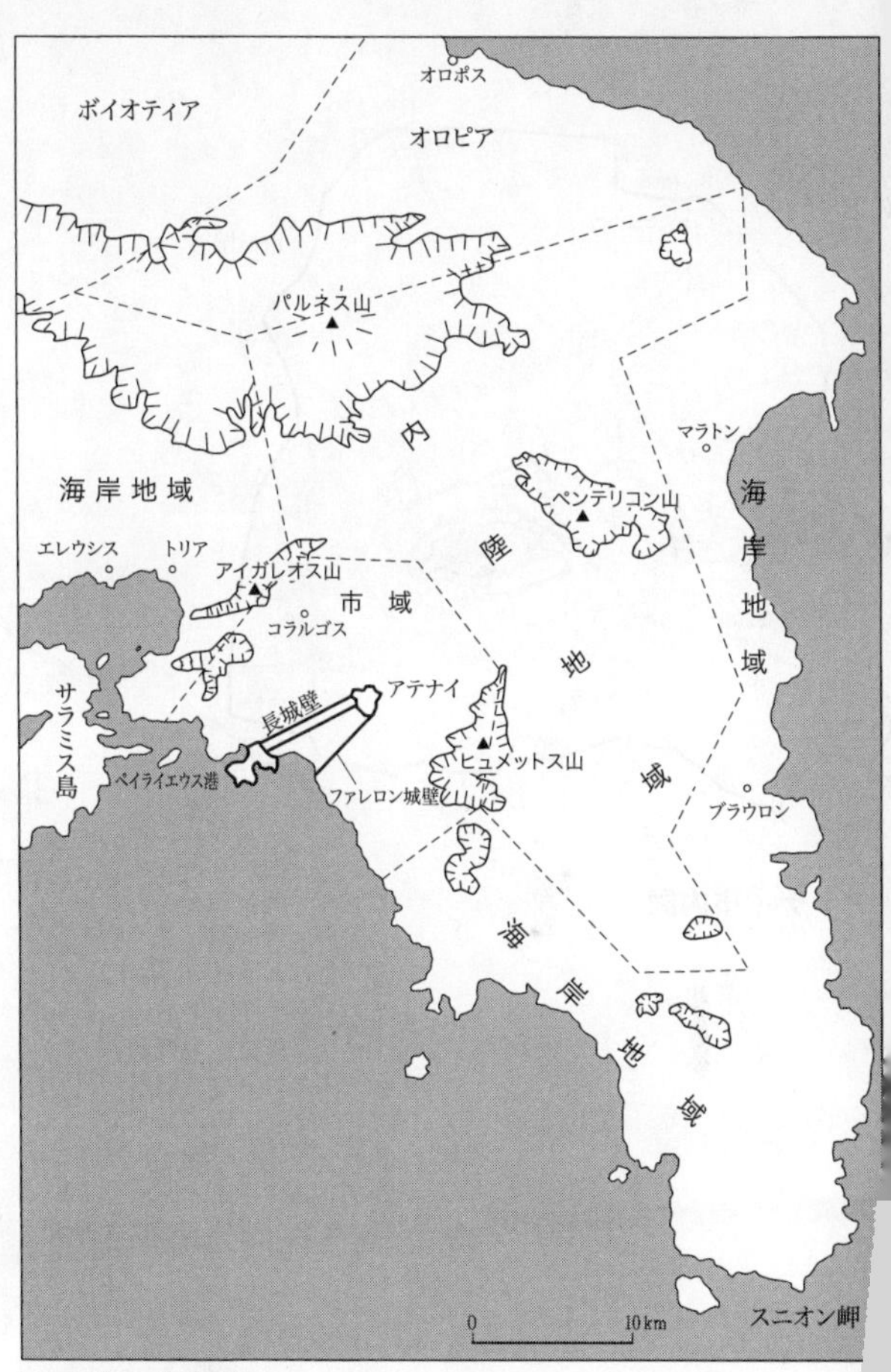
オロポス
ボイオティア
オロピア
パルネス山
内陸地域
マラトン
海岸地域
ペンテリコン山
海岸地域
エレウシス
トリア
アイガレオス山
市域
コラルゴス
アテナイ
サラミス島
長城壁
ヒュメットス山
ペイライエウス港
ファレロン城壁
ブラウロン
海岸地域
0
10km
スニオン岬

アッティカ全図

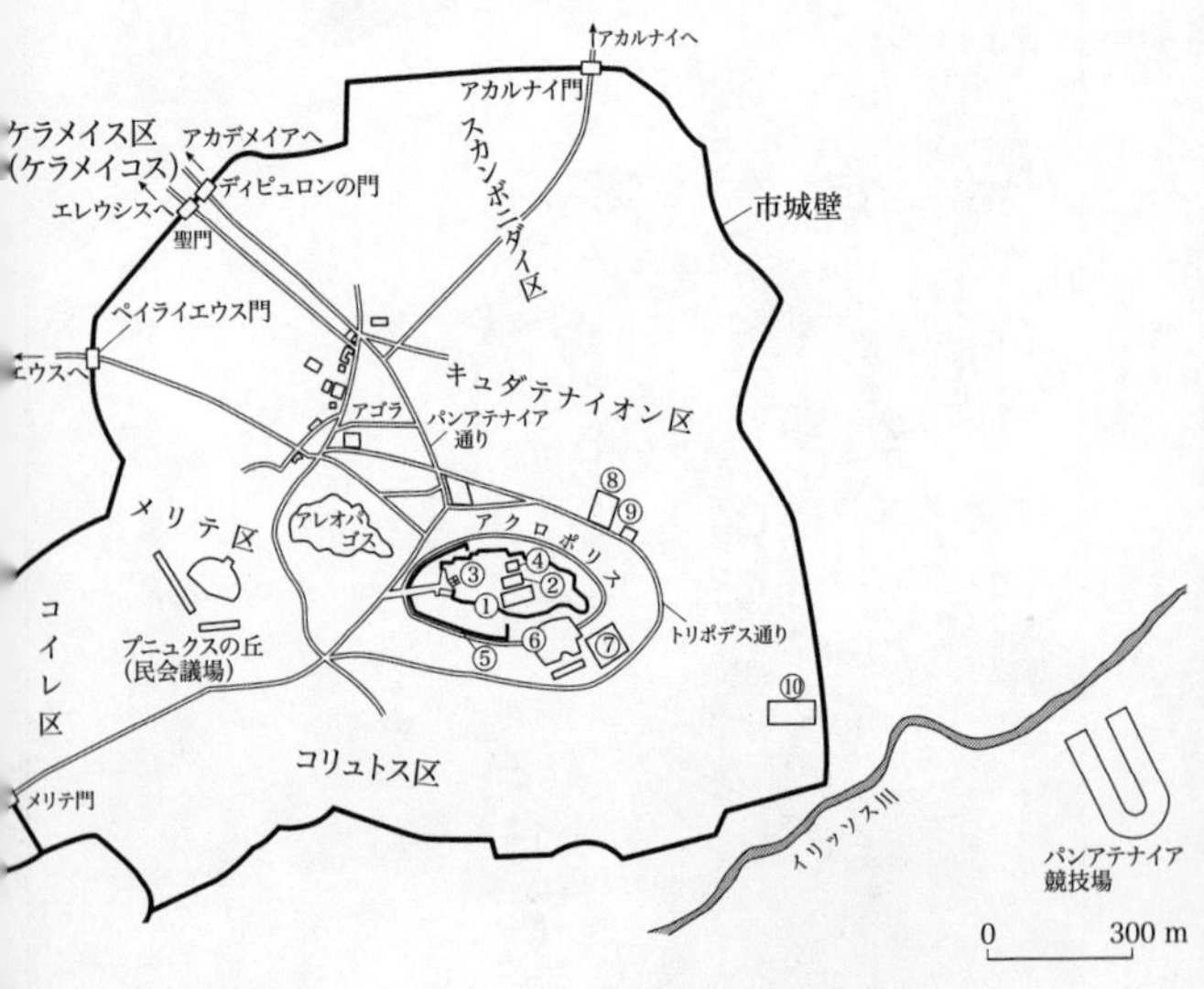


## アテナイ市内図

①パルテノン神殿
②アテナ古神殿
③プロピュライア（前門）
④エレクテイオン
⑤ペラルギコンの城壁
⑥ディオニュソス劇場
⑦ペリクレスの音楽堂
⑧テセイオン（推定）
⑨プリュタネイオン（推定）
⑩オリュンピア・ゼウス神殿

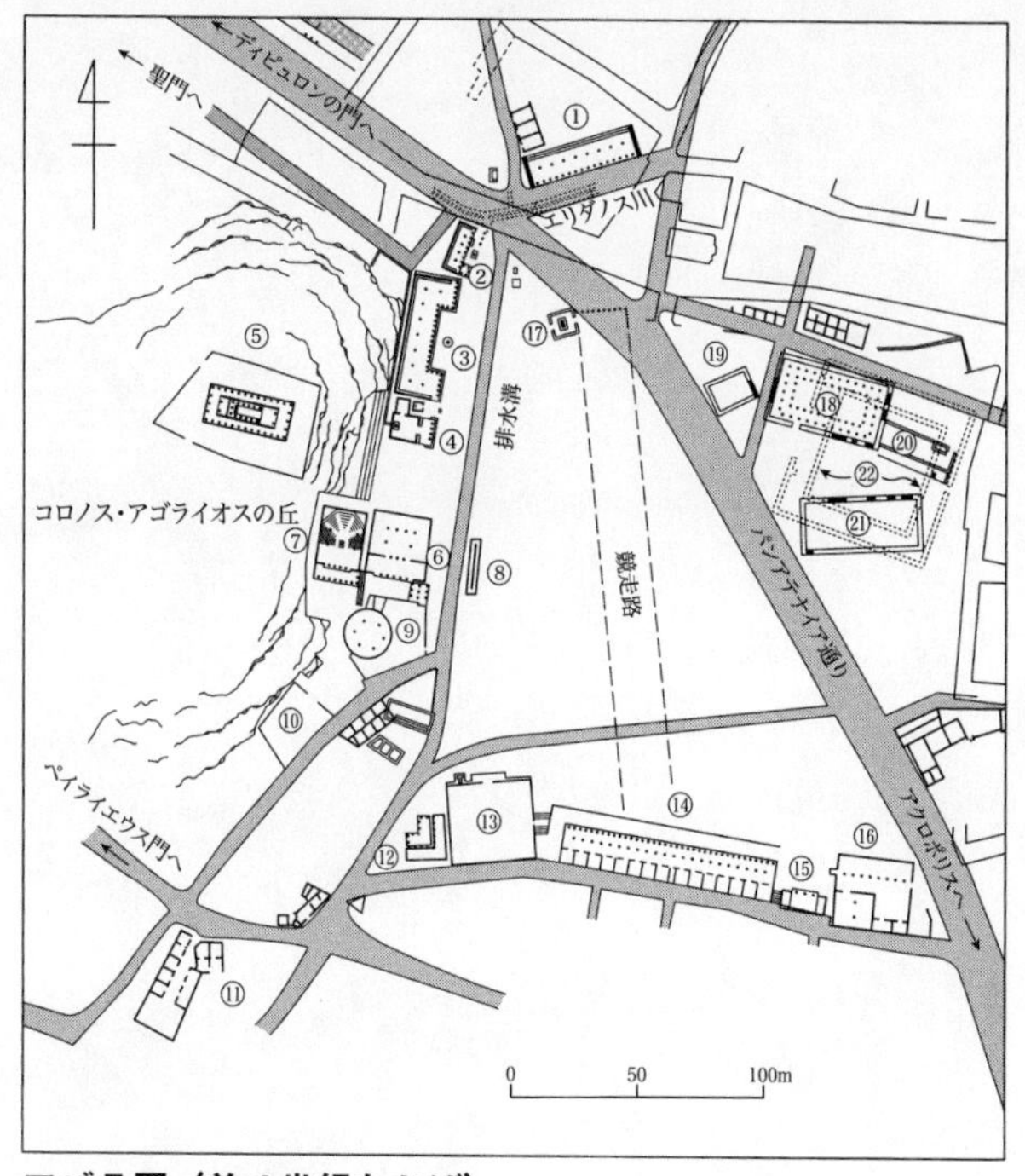


## アゴラ図（前4世紀なかば）

①彩画列柱廊（ストア・ポイキレ）
②王のストア
③ゼウス・エレウテリオス列柱廊
④父祖のアポロン神殿
⑤ヘファイストス神殿
⑥メトロオン（旧評議会議場）
⑦評議会議場
⑧部族名祖像
⑨円形堂（トロス）
⑩将軍詰所（推定）
⑪牢獄（推定）
⑫南西の泉
⑬矩形周壁
⑭南列柱廊 I
⑮南東の泉
⑯造幣所
⑰十二神の祭壇
⑱〜㉑民衆裁判所の法廷
㉒のちの方形回廊の位置（破線）

# 賄賂と民主政

## 古代ギリシアの美徳と犯罪

原典の引用にあたっては、適宜邦訳を利用する場合もあったが、その際、固有名詞などの表記を一部あらためた。それ以外の訳はすべて著者によるものである。

# 1　賄賂と贈与

## ペリクレスと贈収賄

デモクラシーの故郷である古代ギリシア民主政は、参政権の平等と民衆の政治参加という理想を、可能なかぎり追い求めた。だが、その古代民主政も、政治の暗黒面を避けて通ることはできなかった。それが賄賂(わいろ)である。二五〇〇年前の市民たちは、この問題とどのように向き合っていたのだろうか。

前五世紀なかばに直接民主政の骨格を完成した都市国家アテナイ（アテネ）は、やがてペリクレスという一人の優れた将軍の指導下で、国力の絶頂を迎えた。その繁栄をしのばせる記念物が、アクロポリスにいまも輝くパルテノン神殿である。彼の企画により、一五年の歳月をかけて前四三二年に完成したこの神殿は、ギリシア古典文明の栄光を象徴するものといえよう。

同時代の歴史家トゥキュディデスは、ペリクレスの人格識見をたいへん高く評価するのだが、とりわけ彼を「まったく賄賂になびかない」政治家だと評していた。事実、彼の清廉(せいれん)な人格を伝えるエピソードは少なくない。

ペリクレスは一五年の間、国家の最高官職である将軍（ストラテゴス）に毎年選ばれたが、その間市内を出歩くときには自宅と役所を往復するのみで、友人から饗応を受けることを極度にきらい、宴会の招きに応じたことはほとんどなかったという。そのような席が、贈収賄の温床になることを恐れてのことであろう。

またある年のこと。彼の友人で、たまたま将軍に選ばれた悲劇詩人ソフォクレスが、遠征先で一人の美少年を目にし、その美しさをほめた。少年愛があたりまえだった古代ギリシアでは、それ自体とくに不道徳ともいえぬ行為である。だがペリクレスは、こういってソフォクレスをたしなめた。「ソフォクレスよ、将軍たる者は、おのが手だけではなく、目も清くなければならぬ」。

これらの話は、当時私腹を肥やす将軍が多かったなかで、彼の政治スタイルがむしろ例外的であったことを示すものであろう。自分の身を意識的にきびしく律していたペリクレスは、当然他の政治家の収賄にもきびしかった。前四六三年、若き彼が政界への登場を果たしたのは、敵国から収賄した罪で貴族派の将軍キモンを告発し、法廷でするどく糾弾（きゅうだん）したときのことであったのだ。

ところが皮肉なことに、そのペリクレス本人ですら、贈収賄の疑いをまぬがれなかったのである。前四四六年夏、アテナイと緊張関係が高まっていたライバル国スパルタの王プレイ

パルテノン神殿。15年の歳月をかけて前432年に完成した。イクティノスとカリクラテスが設計・施工を担当。神殿内にはフェイディアス制作の巨大なアテナ女神像が安置されていた。

ペリクレス像。15年にわたって将軍職を務め、アテナイ民主政を完成に導いた彼は、巨額の公金を投じてパルテノン神殿などの公共建築物を建造したが、同時に金銭的清廉でも名高かった。ローマ、ヴァチカン美術館蔵。

ストアナクスが、兵を率いてアッティカ（アテナイの領土）に侵入するということがあった。アテナイ市街西方の耕地を破壊しながら市中に近づいてきたスパルタ軍は、しかし、なぜか途中できびすを返して引き上げてしまう。

あやうく難を逃れたアテナイでは、その後、この事件をめぐって一つの風聞が流れるようになる。すなわち、ほかならぬペリクレスが、プレイストアナクス王に賄賂を贈って兵を引き上げさせたのだ、という噂（うわさ）である。

もちろん、事の真偽はわからない。後述するとおり、現代の疑獄事件の場合以上に、古代における贈収賄の事実関係を、史実として確かめるのは、容易なことではない。ただ、この事件をめぐって、アテナイ市民がペリクレスを非難することは、なかったようだ。彼は賄賂を受け取ったのではなく、逆に敵の将軍を買収して、国家を救ったと考えられたからである。

しかし、やがてそのペリクレスにも、みずから収賄の嫌疑をかけられる日がやってきた。年代や経緯について異論はあるものの、一説によれば前四三八年、パルテノン神殿竣工の六年前のことである。市民の全体集会である民会は、彼に金銭上の不正行為があったとして、裁判員一五〇〇人からなる民衆法廷で裁判を受けるよう決議をくだした。その民会決議があげたいくつかの罪状のなかに、彼は「収賄罪」の語を見いださねばならなかったのである。具体的にどのような行為が告発の対象になったかは、不明である。あるいは巨額の公金を投下しておこなわれたパルテノン神殿建造事業にまつわる事件だった可能性も、皆無ではない。彼の罪状が、収賄ではなく公金横領であったと伝える史料もある。判決についてもよくわからないが、おそらく無罪になったと考えられる。

ともあれ、あれだけ神経質に清廉を心がけたペリクレスでさえ、こうして贈収賄の疑いをかけられたという事実は、古代ギリシアにおける賄賂の問題に、政治家個人のモラルといった次元を超えた、何か複雑な背景が存在したことを感じさせる。

一般に古代ギリシア社会では、モノを贈られればなんらかの形で返礼すべきであるという価値観が、伝統的に強かった。ペリクレスといえども、そのような価値観と無縁ではいられない。周囲の親族友人、あるいはスパルタ王など他国のエリートと、贈与をなかだちとしたきずなで結びつけられていたのである。賄賂が贈与の一種である以上、彼個人の意図がどうであれ、他の政治家たちと同様、ペリクレスが贈収賄を疑われても不思議はなかったのだ。

現代のわれわれのまわりでも、もちろん古代とはことなる構図と文脈によるものではあるが、役人や政治家の汚職事件は、あとを絶たない。われわれはそれを非難するが、その一方で、盆暮れや冠婚葬祭の贈答を、社会生活にとって重要な儀礼と考えてもいる。だがどちらの本質も、返礼を期待した贈与であることにかわりはない。かといって汚職を野放しにしては、公共性のもっとも重要な部分が崩壊してしまうことも、言をまたない。アテナイ市民も、賄賂をめぐる複雑な価値観の葛藤に苦しみながら、けっしてそれを放置することはなかったのである。

本書では、贈与と賄賂の問題をめぐって、古代ギリシア人がどのような価値規範を育て、それに対処していったか、その問題がポリス民主政というしくみとのかかわりのなかで、どのような意味をもっていたのかを探究してみたい。世界史上まれに見るほど直接民主政の理念を徹底させ、前六世紀末から前四世紀にかけての一八〇年あまりにわたって続いたアテナイ民主政（前五〇八〜前三二二年）が、ここでのおもな舞台となる。本書における探究をとおして、古代ギリシア市民とわれわれの価値観のどこが共通し、どこが相違するか、おのずと明らかになるだろう。

なお、本書で用いる時代区分と年代表記法について説明しておきたい。古代ギリシア史では一般に、前八世紀から前六世紀までの時代をアルカイック期（前古典期）、前五世紀から前四世紀までを古典期と呼んで区別する。また古代ギリシアの暦法による一年は、夏に始まり夏に終わったので、西暦の二年に半分ずつまたがることになる。本書でも前五〇八／七年のように表記する場合があるのは、このためである。

## 民主政のシステム

アテナイ民主政とは、簡単にいえば一般市民によるアマチュア政治である。そこでは、年に四〇回ほど開かれた成年男子市民の総会である民会が、名実ともに国家の最高意思決定機

民会議場跡。アテネ市内西方、プニュクスの丘の岩盤を切り開いてつくられた扇形の議場。現在の遺構は前４世紀後半に拡充されたもので、面積5550平方メートル、収容人員１万3800人と見積もられている。手前右、階段の上に設けられたテラス状のスペースが演壇で、政治家はここで演説した。

関であった。民会には、市民権さえもっていれば誰でも出席でき、かつ希望者は演壇に上がって動議を提出できる。市民権は、財産額や生まれの貴賤にかかわらず、両親ともにアテナイ人であることが、その唯一の資格要件である。貧富をとわず、どの市民も一人一票の投票権をもって、多数決で動議の可否を決定するのが、アテナイ民会の大きな特徴であった。奴隷や女性、在留外国人は政治の舞台から完全に排除されていたが、その一方で、盛時に五万〜六万人を数えたとされる成年男子市民の間では、参政権の平等が徹底していたのである。

アテナイの政治家とは、この民会に登壇して動議を提出し、決議として成立させる能動的市民、ないしその協力者にほかならない。彼らは今日の国会議員とちがって、アテナイ市民でありさえすれば特定の公職を帯びている必要はなく、したがって任期や職務の制約を受けなかった。

民会に議題や議案を上程するのは、抽選で一般市民から選ばれた、任期一年、五〇〇人の評議員からなる五〇〇人評議会（以下「評議会」と略）の役目である。民会は、あらかじめ評議会が先議し議題として上程した案件でなければ、決議をおこなうことができない。だから、ある市民が自分の提案を国家の政策として議決してほしいと思うならば、基本的にはまず評議会で議案をとおし、しかるのち民会で動議を出して、市民を説得しなくてはいけない。

行政は、この評議会が、やはり大部分抽選によって選ばれた役人を指導しておこなう。役人は、一部選挙で選ばれる役職もあるが、いずれにせよアマチュアである。同種の役職にはたいてい一〇名が同僚団として任命され、しかも任期一年で交代し、将軍などを例外として再任も許されない。

評議員や役人は、いずれもその地位を職業としているわけでもなく、またそのほとんどが、専門的技能をとくに期待されて選ばれたわけではない。その意味で、官僚という存在とはほど遠い。一人の人物に長期間大きな権限が集中しないようにデザインされたシステムこそ、アテナイ民主政の真髄といえた。

裁判は、これも抽選された六〇〇〇人の裁判員が、各法廷に分かれて審理をおこなう。検察官、弁護士にあたる司法の専門家はいない。事件を告発した市民が最後まで事件の訴追にあたり、被告も（親族友人の助けを借りながら）やはり自分で自分を弁護しなくてはいけない。ここでの判決もまた、多数決によるのである。

このように、立法、行政、司法のあらゆる面から専門家が排除されている以上、そこに参加する政治家や役人たちに、公務員の倫理のようなものは、はじめから期待されていなかった。そのかわり彼らは、親族友人のしがらみ、伝統や習慣、社会的価値観、憶測と不安といった、現実の生活に根ざす条件にしばられていた。そしてそこにこそ、彼らの行動に賄賂という習慣がまとわりつく土壌があったのである。

## 非難と容認

さて、アテナイ民主政の政治や裁判にかかわる史料をながめていると、賄賂をきびしく非難し糾弾する言説を、しばしば目にすることがある。たとえば、前四世紀に活躍した弁論家イソクラテスは、『パンアテナイア祭演説』（前三三九年）で、つぎのように賄賂の横行を嘆く。

〔かつて〕役人に選ばれた者は、自分個人の財産を顧慮してはならず、また今日では役人に贈与されるのがあたりまえになってしまった諸々の役得に、けっして手を出してはならなかった。それは聖財に手をつけてはならないのと同様だったのだ。現今の状況下にあっては、誰があえてこのような自制に従うであろうか。［第一二弁論一四五節］

ここでは「父祖の時代」の過去を理想化し、それとの対比で現代の役人の腐敗を嘆くという、イソクラテス得意のレトリックが用いられている。同じく前四世紀後半に活躍した政治家デモステネスも、父祖たちがかつて賄賂に対し厳罰をもってのぞんでいたとして、つぎのように述べている。

賄賂を受け取ってギリシアを支配し、あるいは破壊しようと欲する者たちを、すべての人々は憎んでいた。そして収賄罪について有罪となることは、もっとも耐えがたいことであり、そのような者を人々は極刑をもって罰したのである。［第九弁論三七節］

事実こうした言説を裏づけるように、アテナイ市民は、贈収賄に対して法的にもきびしい態度をとり、これをはっきりと犯罪行為と見なして、その予防や処罰のためにさまざまな制度を発展させていた。くわしくは第五章に述べるが、古典期には賄賂を告発する訴訟手続きが何種類も存在し、有罪の場合、死刑、公民権停止、高額罰金などの重い刑罰が用意されていた。アテナイでは、役人や政治家の責任を追及し、その不正行為を摘発するための公職者弾劾（だんがい）制度がおどろくほど発達しており、一般市民が公職者の犯罪を告発する機会は、制度的にいくえにも保証されていた。賄賂は、こうした公職者の不正行為の代表格として、きびしく弾劾されたのである。実際に政治家や将軍たちが賄賂の罪に問われて裁判にかけられるケースも多く、先ほどのペリクレスやキモンの例は、その一部にすぎない。

このような賄賂非難の言説は、民会や民衆裁判所で市民たちを相手に語られる、公的弁論というテクストにおびただしく見いだされる。ところが、その一方で、賄賂の横行を容認するかのような言説が、数は少ないものの、別のジャンルのテクストにあらわれるのである。たとえばつぎの記述を見てみよう。

もし金をもって評議会や民会にものを頼みに行けば、応対してもらえるだろう、という人がいる。私は彼らに賛同してこういいたい。アテナイにおいては金銭によって処理されうることがたくさんあるし、金銭を差し出す人がもっと多ければ、もっと多くのことが処理されるだろう、と。

これは前四二〇年代に書かれた作者不明の政治評論で、のちにクセノフォン（ソクラテスの弟子とされる著述家）の名によって誤り伝えられた『アテナイ人の国制』の一節［三章三

牢獄跡。アゴラ南西隅からやや外れたところに位置する。死刑が執行される場所でもあったので、死穢を忌避してアゴラの外側におかれた。中央通路の左右にいくつか部屋が並んでおり、ソクラテスもそのいずれかで処刑されたものと見られる。

節」である。民主政は業務が多すぎて機能不全に陥っている、と主張する文脈で述べられており、賄賂を非難するどころか、むしろ（かりに皮肉であったにせよ）その有効性を評価するような論調であることが注目される。

このテクストの真の作者、およびその政治的立場については、いまだ確たる定説を見ないが、おそらく民主政の体制に批判的な少数派の知識人によって書かれたのであろう。公的弁論における賄賂非難が、民会や民衆裁判所などにおいて不特定多数の市民に向けて語られ、彼らの価値観に訴えかける目的をもったものであるのとは、基本的に異質な言説で

牢獄跡から発見された薬瓶。毒人参からつくられた致死量の毒をいれた容器と思われる。アテネ、アゴラ博物館蔵。

あることに注意しなくてはならない。

さらにつぎのエピソードは、行政の末端レベルにおいても賄賂がまかりとおっていたことを暴露する。前三一八年、アテナイがマケドニア支配から脱して一時的に民主政を回復したとき、その政変によって親マケドニア派の将軍フォキオンは死刑の判決を受け、獄につながれて処刑を待つばかりとなった。アテナイにおける死刑は、哲学者ソクラテスの場合がそうであったように、通常、死刑囚がみずから毒杯をあおることによって執行される。このとき獄吏（ごくり）は、処刑のための毒薬を用意する手数料として、一二ドラクマの金を臆面もなくフォキオンに請求した。ちなみに銀貨一ドラクマは、熟練建設作業員の日当額に相当する。そこで老いた将軍は、こういって嘆いたという。「アテナイでは賄賂がないと死ぬこともできない」（プルタルコス『フォキオン伝』三六章四節）。

このように見てみると、民主政の体制を称揚する立場からの弁論が、賄賂の犯罪性を声高に、表立って非難糾弾するのに対し、そうした公的言説から外れたところのテクストには、賄賂が市民生活のなかで無視できぬ役割を果たしていたことを認めるものがあるとわかる。後者の言説は、たとえば政治的少数派や処刑目前の老将軍によるつぶやきという、低声でひかえめな形で語られる。賄賂を非難すると同時に容認もするという、アテナイ市民のこうした態度は、彼らの複雑な心性を浮彫りにする。いってみればそれは、「悪いけれどもよい、よいけれども悪い」という、両価的（アンビヴァレント）な態度なのである。

では、こうした両価的な態度の背景には、ギリシア人のどのような価値観が横たわっていたのか。

## 賄賂のダブル・スタンダード

先にもすこしふれたが、前近代社会一般に見られるように、古代ギリシア社会では、何かを贈られれば同等のものをもって返礼すべしとする原則が支配的であった。この原則を、互酬性（レシプロシティ）の原理と呼ぶ。くわしくは次章で述べるが、ギリシア最古の詩人ホメロスが描く社会にあっては、贈与こそ人と人とのつながりを形づくる基本的な社会原理であった。

そのような社会にあっては、賄賂もまた、お返しを期待された贈与の一形態にすぎない。賄賂がなぜ発生するかについて、きわめて広範な考察をおこなったアメリカの法学者J・T・ヌーナンによれば、互酬性の原則が強い社会では、差し出されたものを受け取らねば、それは相手に対し敵対的な行為と見なされる。そして贈り物を受け取っておきながら、それに報いることがなければ、これまた敵対的と見なされるのである。古代ギリシア社会にも、このことはそのままあてはまる。

互酬性を規範としていたギリシア人が、賄賂について「悪いけれどもよい」という両価的な態度をとっていたことは、ある意味で当然の帰結であった。第三者から見れば言語道断の贈収賄行為でも、当事者にとっては伝統的な贈答慣行に従った、うるわしい美徳であり、あるいは少なくとも、それを装うことができた。賄賂と贈与とが、一枚の紙の裏表のような関係にある以上、賄賂に関して両価的な態度が生まれるのは、避けられない。

そのようなダブル・スタンダードを端的に示すのは、賄賂についてのギリシア人の用語法である。「贈収賄」という犯罪行為を意味するギリシア語として、もっとも一般的な単語は「ドーラ」(dōra)というが、この語はそのままで「贈り物」をも意味していた。それは、一方を意味する語が他方の隠語として用いられるというのではなく、同一の語が両方の意味を平等に分け持つのである。ギリシア人にとって、たとえ犯罪行為として非難する場合であっても、賄賂は贈与の一種にほかならなかった。

## 賄賂について何を問うか

近代の歴史家たちは、贈収賄の横行を非難・慨嘆するおびただしい古典史料の記述を、基本的に信用していた。その暗黙の前提には、賄賂の横行を民主政の衰退現象として解釈する考え方があった。アテナイ民主政がペロポネソス戦争をさかいに前五世紀末から衆愚政へと堕し、衰退していったと考える、かつて盛んだった古典的盛衰史観が、その背景にはあったのである。おおむね二〇世紀なかばにいたるまで、多くの研究者は、賄賂の横行を伝える史料がきわめて多く残されていることを根拠に、アテナイ社会には賄賂が蔓延(まんえん)横行しており、それを取り締まるための法制度に実効性はなかった、と論じる立場をとってきた。

しかしながら、一九八〇年代にはいってからの実証研究は、つぎのことを明らかにした。つまり、賄賂がアテナイで実際にどれだけ広がっていたのかを、古典史料に基づいて客観的に確かめるのは、事実上不可能であるばかりでなく、不毛でもあるということである。

これは何よりも、史料そのものに対する研究者たちの見方が変わったことによる。つまり、法廷弁論で一見事実であるかのように語られている賄賂事件なるものも、その多くは、裁判員の心証を誘導しようとして、話者がたくみに創作した虚構であり、史実とはほど遠い、ということが明らかにされたのである。

たとえば弁論家デモステネスは、ある法廷弁論のなかで、前四四九年にペルシアとの和平交渉を担当したとされる政治家カリアスについて、つぎのように述べる。

> ヒッポニコスの子カリアスは、あの誰でもがいまでもよく口にする和約の交渉にあたった人であるが、……この人が外交使節の任にあたっている際に賄賂を受け取ったと思われたので、われらの父祖は彼をもう少しで死刑に処するところであったが、執務審査において五〇タラントンの罰金を科すにとどめたのである。［第一九弁論二七三節］

つまりデモステネスは、この弁論から一〇〇年以上も前にカリアスが和平交渉を担当した際、ペルシア王から賄賂を受け取り、その罪により死刑の求刑を受けたが、かろうじて五〇タラントン（銀貨一タラントンは六〇〇〇ドラクマ）という巨額な罰金を科せられるにとどまった、ということを、あたかも周知の事実であるかのように述べている。なお執務審査とは、役人の不正行為を摘発する法手続きの一つであるが、くわしくは第五章で述べる。

しかしながらデモステネスのこの陳述が、まったくの捏造であることは、現在ほぼ定説といってよい。そもそもこの「カリアスの和約」自体の史実性すら、疑問視する意見が最近では有力なのである。デモステネスは、この法廷弁論における被告アイスキネスが、マケドニア王フィリッポス二世から外交使節として買収されたという主張を強化したいがため、そして外交使節の収賄が古くからいかにきびしく処罰されてきたかを裁判員に印象づけるため、このような作り話を持ち出したにすぎないのである。

逆に、賄賂というものがその本性上、隠れてやりとりされるため、たとえ実際に起こったとしても表面化しづらく、したがって史料にも残りにくいという事情もある。第三章で具体例を取り上げるが、古代ギリシアにあっても、たとえば銀貨を弁当箱の底に潜ませて相手に贈るというような、巧妙な贈賄の手口があり、これは当事者が賄賂性を認識して人目をはばかったことを示す。賄賂が発覚するケースというのは、現代における場合と同様、おそらく氷山の一角にすぎなかったであろう。賄賂がやはり社会の暗黒面に属するものである以上、賄賂行為を事実として突き止めることは容易でなく、まして、賄賂横行の程度を全体として客観的に測ることは、不可能に近いのである。

さらに、賄賂というものが、当事者であったアテナイ市民にとっても、きわめて概念の曖昧な犯罪であったということも考えにいれねばならない。賄賂と贈り物との区別がつきにくいという事情は、今日の日本と同様、古代ギリシアにもあった。賄賂をやりとりする当事者が、賄賂性を認識していながら、それが社会慣行としての贈り物であると主張することは、十分可能であった。こうした事情が、賄賂という犯罪の輪郭をいっそうぼやけたものにし、事実として証拠立てることを困難にするのである。

賄賂という行為は、殺人や傷害などとことなり、客観的痕跡を残さない。賄賂は、それを社会的に犯罪であると認知し、非難する価値観が存在して、はじめて他の贈与行為と区別される。賄賂を非難する史料の多さは、賄賂を断罪する価値観の強さをあらわしこそすれ、それが実際に横行した程度に比例するとはかぎらない。

反対に、人々が賄賂という概念をまったく知らない社会というものを仮想してみればよい。それがたとえ外部から見て賄賂のはびこる社会であったとしても、彼らが賄賂を非難する史料を書き残すはずはないであろう。「いわれていること」「書き残されたこと」が、「起こったこと」を素直に反映するとはかぎらないのである。

結局、古代ギリシア人が、どの程度賄賂に手を染めていたのかという問いに対しては、解答不能としか答えようがない。問うべき問題はむしろ、賄賂に対するアテナイ人もしくはギリシア人一般の価値観や態度が、どのように形成されていったのか、つまり彼らにとって、何が許される贈与で、何が許されない贈与だったのか、ということだろう。なぜなら、われわれが史料的に実証できるのは、賄賂について何がいわれ、どのような態度や行動がとられたか、ということだけだからである。

このようにして一九八〇年代以降、研究者たちが賄賂横行の事実確定よりも、むしろ賄賂にかかわる価値観ないしイデオロギーに焦点をあてるようになったことは、大きな意義をもつ。その背景には、M・モースやB・マリノフスキー以来の社会人類学における贈与論の進展と、その歴史学への波及という展開があった。

本書でも、個々の贈収賄が事実として確かめられるかどうか、あるいはアテナイがどの程度賄賂の横行する社会だったか、ということは問わない。また賄賂という概念の定義も、さしあたって本書では、「ある種の贈与で、ある特定の社会的価値観から非難あるいは制裁を受けるもの」という、最低限度の相対的なものにとどめておきたい。問題は、われわれではなくギリシア人が、どのように賄賂を定義していたか、ということだからである。

そもそもギリシア人は、贈与あるいは賄賂に対して、どのような価値観を生み出していったのか。そしてもともと美徳であった贈与が、いつから犯罪としての賄賂という烙印を押されるようになったのか。彼らはどのような経緯をへて、賄賂に対するきびしい社会的態度や価値観を育て、どのような予防措置や制裁手段を用意するようになったのか。次章以下ではこれらの問題を、最近の研究成果をふまえながら、歴史的背景とともに考えてみることにしよう。

# 2　贈り物は神々をも説得する

## ギリシア人の贈与文化

さて、すでに何度も使ってきた贈与という概念であるが、ここであらためて定義してみよう。贈与（ギフト）とは、返礼を期待した財・サービスの給付のことであり、贈り手と受け手との間に、なんらかの社会的結合関係を生み出すことがその特徴である。その意味で贈与のやりとりは、無償の給与である慈善とも、市場における等価交換が前提である商品取引とも区別される。返礼の期待可能性が濃厚か希薄か、すぐ返ってくるかそれとも待たされるか、またその価値が最初の贈与と同等かどうか、また贈与と返礼の様式が厳密に定められているかどうかといったことは、時代や地域・文化によってまちまちである。だがいずれにせよ、互酬（ごしゅう）性を原則とする贈与交換は、前近代社会に普遍的に見られるのみならず、資本主義の登場とともに市場交換が支配的原理となった近現代にあってすら、けっして消滅していない。

たしかに、贈与交換と市場交換とを二項対立的にとらえ、近代化とともに前者が後者に取って代わられてゆくという、進化論的な図式を想定する研究者は今日少なく、むしろ両者のできないであろう。
関係を相補的に理解する見方が、現在では有力であるといえよう。しかしながら、古代ギリシアにあって贈与交換の果たす役割が、現代と比較にならぬほど重要であったことは、否定できないであろう。

古代ギリシア社会における贈与の役割に注目した画期的名著として、今日でもよく引用されるのが、ケンブリッジ大学教授で西洋古代史の泰斗(たいと)であったM・I・フィンリーによる『オデュッセウスの世界』(第二版、一九七九年)である。彼はホメロスの叙事詩を主たる史料として、アルカイック期ギリシア社会のありさまを再構成する。そこでの交換の基本的な方法とは贈与交換であり、それこそが社会を組織化する重要なシステムであったという。フィンリーはいう。贈与交換の場にあっては、市場交換の原理は意味をもたない。モノの価格は「アダム・スミスの世界では需要と供給の市場法則によってその決定がなされたが、そんなメカニズムはトロイアやイタカでは知られていなかった」(下田立行訳、一一〇頁)。平時にあって他者を犠牲にして利益を追求することはタブーとされ、むしろ戦争による略奪によって図られるべき行為と見なされていたのである。

贈与のはたらきは、じつに多様であった。「われわれならそれを謝礼、賃金、報償、またときには賄賂(わいろ)と呼んだであろう。……領主や王に対する租税その他の賦課や、私的な色合いの濃い補償(アガメムノンからアキレウスへの贈物)、また日常の貸付けなどがあったが──それすらやはりホメロスの言葉ではつねに「贈物」と呼ばれた」(同、一一七頁)。

少年に若い雄鶏の贈り物を差し出す男性。アッティカ陶器の赤絵。同性愛における求愛の贈り物には、雄鶏が好んで用いられた。

こうした古代ギリシア社会にあって、贈与がその役割を果たすのは、せまい意味での「経済」にかぎられたわけではなく、政治・外交・軍事そして宗教もまた、互酬性を重要な原理として営まれていた。古代ギリシア人にとって宗教の中心となるのは供犠、すなわち犠牲獣をはじめとする供物を神々に捧げる儀礼であったが、これもまた、人間が神々に対してあたえる贈与にほかならない。神々を人間に擬して理解していたギリシア人にあってはなおのこと、人間にものを頼むときと同様、神々に手ぶらで何かを祈願するわけにはいかなかった。神々もまた、受け取った贈り物に対してはなんらかの返礼、すなわち御利益を人間たちにもたらしてくれることが期待されたのである。のちに取り上げる叙事詩人ヘシオドスに帰される詩の断片は、いみじくもつぎのようにいう。「贈り物は神々を説得する。尊厳なる王たちを説得する」［断片三六一 MW］。

この場合の「説得する」という言葉には、「買収する」というニュアンスも含まれている。神々と人間との関係は、現実の古代ギリシア社会における互酬慣行を、忠実に映し出すものだった。古代の日本語において賄賂と神幣が、ともに「まひなひ」という語であらわされていたことと共通するものがあろう。

こうした贈与互酬の慣行のなかに生きていたギリシア人にとって、贈与はたんなる財・サービスの移動をもたらすのみならず、それを取り交わす当事者の間に濃厚な人間関係を成立させ、あるいは補強し更新した。贈与は人と人とを結びつける重要な要因であり、逆にそれを拒否することは、人間関係の断絶を意味した。フィンリーが指摘しているように、アガメムノンからアキレウスへの贈与の申し出のなかには、贈与というものがもつ社会的結合機能があざやかにあらわれている。

ホメロスの叙事詩『イリアス』（前八世紀）は、英雄アキレウスがギリシア軍の総大将アガメムノンに愛妾を奪われた怒りのあまり、戦列を離れるところから始まる。そのためトロイア王国との戦争でギリシア軍は劣勢になり、後悔したアガメムノンは、他の武将たちの諫言（かんげん）を受け入れて、アキレウスとの和解に応じようとする。そのしるしとして彼が申し出たのは、おびただしい数の贈り物であった。彼はいう。

見苦しい想いに駆られて過ちを犯してしまったからには、その償いに莫大な贈物をしたいとわしは思っている。そなたら一同が居並ぶところで、贈ろうと思う見事な品々の名を挙げてみよう。まず、まだ火にかけておらぬ三脚釜を七つ、それに黄金十タラントン、艶光りする釜二十、それにまた頑健な馬十二頭、健脚で競技に勝ち、賞品を獲たことのある逸物だ。（松平千秋訳、第九歌一一九〜一二七行）

アガメムノンの申し出は、これにとどまらない。かつて奪ったアキレウスの愛妾を返すのはもとより、さらに七人の女奴隷をあたえる、という。トロイアが陥落した暁には戦利品をあたえ、ギリシアに無事帰国を果たしたならば、自分の娘を結納なしでアキレウスに嫁がせたうえに、栄える町七つを嫁資（持参金）としてつけてやる、とまで約束する。アガメムノンは、気前のよい贈与によって、アキレウスとの人間関係の修復を期待しているのである。

ところがアキレウスは、かたくなにこれらの贈り物を断り、それによってアガメムノンとの不和は決定的になる。贈与の申し出が人間関係の修復を意味するものである以上、その拒絶は敵対関係の宣言に等しかったのである。

**歓待と互恵**

贈与を媒介とした人間どうしの結びつきのなかでも、ポリスやギリシア人世界の枠を超え、古代の国際政治の場で重要な役割を果たしたのが、クセニアと呼ばれる一種の賓客関係、つまり、たがいに相手を客としてもてなす関係であった。

このテーマに関して画期的な研究をおこなったG・ハーマンの定義（一九八七年）によれば、クセニア関係とは、ことなる共同体に属する個人と個人の間に、財とサービスの交換を契機として成立する結合の一種である。ゆえに、同一ポリスに属する市民の間では、クセニア関係は成立しえない。それが成立しうるのは、ことなるポリスに属する市民の間、ポリス市民とポリスを形成しないギリシア人の間、ギリシア人と異民族との間、あるいは異民族どうしの間であって、とりたててギリシア人固有の社会制度というわけではない。異民族をふくめた広い範囲の、社会のエリート相互の間で取り交わされていた社会関係が、このクセニア関係であった。

クセニア関係で結ばれる個人の間には、たがいへの一種の愛情と扶助が期待される。相手が自分のもとを訪ねてきた場合には賓客として歓待し、保護と食事をあたえるのをはじめ、生活全般にわたり物心両面の面倒を見てやらねばならない。そのかわり自分が相手を訪ねた場合には、同様に歓待されることが期待できる。こうした互恵関係は、基本的に個人間に成立するものとはいえ、一過性のものではなく、儀礼によって制度化された永続的なものであり、当事者自身が死んでも解消せず、男系を通じて子孫に世襲される。

だからクセニア関係は、たんなる歓待の交換ではなく、ときには相手の息子の養い親になったり、相手の娘に持参金をつけて結婚を世話したり、相手の死に際して葬儀に便宜を提供したり、たがいに自分の子に相手の名前をつけたりなど、一種の擬似血縁関係としての様相をも帯びている。ギリシア人貴族が、ときとして外国の(場合によっては異民族の)有力者から名前をもらう場合があるのは、こういう事情による。また相手が故国を追われて自分の懐に逃げ込んできた場合には、庇護してやるのが義務である。このようにクセニア関係は、本来の血縁・縁戚関係とならんで、国際政治における連合関係を形成する重要な手段の一つであった。

こうしたクセニア関係が、財やサービスの贈与互酬を媒介にしてはじめて成立しえたことは重要である。ハーマンは、ギリシア人世界と異民族世界が、伝統的にエリートどうしの贈与交換をとおして、古代東地中海地域のなかで、たがいに富を循環させていたと考えている。

『イリアス』には、二人の人物が父祖伝来のクセニア関係を再確認し、更新するという有名な場面がある。トロイア方の武将グラウコスとギリシア方の英雄ディオメデスは、戦場ではじめて相まみえ、一騎打ちとなる。ディオメデスに素性をたずねられたグラウコスは、祖父ベレロフォンテスが故郷を追われて小アジアのリュキア王国に逃げ、そこに定住した次第を物語る。それを聞いたディオメデスは戦うのをやめ、このように相手に呼びかける。

> それならばおぬしは、父祖の代からの古い友人ではないか。その昔、英邁（えいまい）なオイネウス〔ディオメデスの祖父〕は、並びなき勇士ベレロフォンテスを、二十日ものあいだ邸に引き留め、もてなしたものであった。さらに二人は友情のしるしにと、互いに見事な品を贈り合った。……そういう次第であるから、アルゴスの中でおぬしをもてなすのはわたしの役であるし、わたしがリュキアへゆく時には、おぬしが主人役を務めてくれるわけだ。されば乱戦の中にあっても、槍を交えるのは避けようではないか。（松平訳、第六歌二一五～二二六行）

そこで二人は友情のしるしにと、たがいの武具を交換し、満足して引き上げる。世襲されたクセニア関係が、あらたな贈与交換によって更新され再強化されたのである。興味深いのは、グラウコスの武具が黄金製で、「値にすれば牛百頭」もする高価なものであったのに、ディオメデスのそれは青銅製の質素なもので、「牛九頭」の価値しかなかった、とわざわざ説明されていることである。これは、贈与交換においては市場交換の原理が働かないことを暗示しているのである。

## 倫理観の衝突

クセニア関係が、主として国と国の有力者間で結ばれる友好関係であっただけに、国家そのものの外交をも左右する力があったことは、自然のなりゆきであった。たとえばペリクレスがスパルタ王を買収したらしいという前述の風聞は、彼がスパルタの有力者たちと個人的にクセニア関係を取り結んでいた事実と、深い関係があった。収賄が疑われたプレイストアナクスと彼が、個人的にどういう交友関係にあったかは、はっきりしない。しかしその一五年後、ペロポネソス戦争開戦当時にスパルタ王であったアルキダモスは、かねてよりペリクレスとクセニア関係を取り結んでいたと伝えられる。

このような背景を考えてみると、ギリシア世界で政治家の賄賂が問題になる構造も、おのずと浮かび上がってくる。ハーマンはそれを、ポリス成立以前から存在していた伝統的な互酬性の価値観と、ポリス共同体の利害を優先する新しい倫理との衝突という点から説明した。つまり、かつてのギリシア人と同様、クセニアによる友好関係のきずなを何より優先するペルシアやマケドニアの王は、ギリシア人ポリスの有力者に対しても、慣行として個人的な贈与をおこなうことがあった。しかし、それは共同体内の平等というあらたなイデオロギーを掲げるポリス市民団の立場からは、共同体にとって危険な贈与と見なされるようになり、ここから賄賂という犯罪概念が発生したのだ、という説明である。

ハーマン説の特徴は、ポリス世界と非ポリス世界との贈与をめぐる価値観の対立という図式であり、ポリスの外にいるアウトサイダーからもたらされた贈与が、賄賂としてポリス共同体への脅威と見なされたと説明することにある。ここでアウトサイダーと目されているのは、典型的にはペルシア人やマケドニア人である。ハーマン説は、賄賂という概念の発生過程にアウトサイダーという視点を導入した点で魅力的であり、また理論的に明晰であるが、他方で具体的・実証的検証の裏づけがない、一つの仮説モデルの域にとどまっている。すでに述べてきたように、ギリシア人はポリス世界に住むようになってからも、けっして贈与交換のルールに従わなくなったわけではなく、ハーマンが説明するほど話は単純ではなさそうである。

本書での私の関心は、賄賂という概念の発生過程を、あくまで具体的・歴史的文脈のなかに見いだそうということである。そこでつぎに、ギリシア人がいつから賄賂を犯罪と見なすようになり、それに対するきびしい社会的態度を育てていったかを、時代を追って見てみることにしよう。

## 「賄賂をむさぼる貴族たち」

ホメロスのテクストには、犯罪としての賄賂をはっきりと意味する語が、一度も登場しない。あるのは贈り物を意味する言葉だけであり、それもつねに前述のような、人間関係を維持したり再生したりする、うるわしい結果を期待された贈り物としてあらわれる。

それでは、のちの弁論家に見られるような、ポリスの公的な立場から、国家の利益を損なう危険な行為として賄賂を非難する言説が登場するのは、いつからであろうか。

ギリシア最古の賄賂非難の言説として、従来よく引合いに出されるのが、ホメロスに続く叙事詩人ヘシオドス（前七〇〇年ころ）による『労働と暦日』の、つぎの一節である。彼は、不正な裁きがいかに正義を損ない、ゼウスの怒りを招き、国に害をあたえるかを述べたあとで、このように歌う。

されば賄賂をむさぼる貴族たちよ、これらのことをよくわきまえて、おのが言行を正しくし、裁定をゆがめることなど一切忘れ去るがよい。［二六三〜二六四行］

ホメロスやヘシオドスの叙事詩がつくられたこの時代、すなわちアルカイック期の初期にあって、ポリスの国制として一般的だったのは貴族政であった。神話時代の英雄にまでさかのぼるような高貴な血筋を誇る、ひとにぎりの貴族の門閥（出生エリート）が参政権を独占し、特定の家門の間で重要な役職を分け合う少数支配の政体である。当然裁判権も貴族が握っており、平民はそれに従わねばならなかった。

そのような時代において、貴族の不正な裁判に敢然と異議を申し立てる農民詩人ヘシオドスのこの態度は、貧しくとも独立自尊のポリス市民の矜持（きょうじ）を映し出すものとして、従来解釈されることが多かった。

しかしながらこの詩句を、ポリス共同体の公的な利害関心のうえに立った賄賂批判であると見なすことには、いくつもの疑問がわいてくるのである。まずヘシオドス自身、海外交易にいそしむ資産家で、けっして貧しい農民ではなかった。そもそも彼が、貴族による裁判を批判する背景としては、遺産相続をめぐって弟ペルセスとあらそい、裁きの場に訴えたあげく敗訴したらしい、という個人的事情がある。彼は別の箇所でつぎのようにいう。

かつてわれらは遺産を分けたが、お前〔弟〕は賄賂をむさぼる貴族たちにこびへつらって、よけいに多くのものを奪い持ち去った。こういう裁きをくだしたがる貴族たちにな。

［三七～三九行］

それゆえヘシオドスは、賄賂そのものの犯罪性というよりは、自分が貴族の不当な裁きのせいで損害をこうむったことに対して、いわば私憤を向けているとも考えられるのである。

ここでは「賄賂をむさぼる貴族たち」と訳したが、原語に忠実に訳すならば、「贈り物（ドーラ）をむさぼる貴族たち」であって、先述したようにこのドーラの用法は両義的である。ギリシア経済史の領域で近年業績いちじるしいS・フォン・レーデンによれば、ヘシオドスが貴族たちに憤慨しているのは、受け取った贈与に対して彼らが正当な形で返報していないからである、という。つまり貴族たちは、下々の民から贈り物を貪欲に受け取るにもかかわらず、統治者として「ゆがんだ裁定」しかあたえぬからこそ非難にあたいする、とヘシオドスは考えているのである。

貴族たちが具体的に誰からどのような事情で贈り物を受けたりせしめたりしていたのかは、かならずしも明らかではない。もちろん、裁判を司る貴族に弟ペルセスが袖の下として贈り物をみついだことも考えられよう。だがいずれにせよ、ヘシオドスの政道批判の根底には、モノをもらったらしかるべき形で返礼せよ、という伝統的な互酬性の倫理観を見て取るべきである。彼のこのような倫理観は、同じ『労働と暦日』のつぎの詩句に率直にあらわれている。

あたえる者にはあたえ、あたえぬ者にはあたえるな。人はもの離れのよい者にはあたえ、そうでない者にはあたえぬものだ。あたえるはよき乙女、しかし奪うは邪悪な女、やがて死を招く。［三五四〜三五六行］

賄賂非難と互酬賛美とが、一つながりの文脈のなかにあらわれるということは、ヘシオドスのみならずギリシア人一般の、賄賂に対する両価的な態度を示すものとして興味深い。賄賂というものが原理上、彼の称揚する互酬性原理そのものから発生するものであるにもかかわらず、ヘシオドスがその矛盾を反省することはない。彼は単純に、贈与を美徳とする伝統的な倫理観に身をひたしているにすぎないのである。

## 抒情詩人と改革者

このように、賄賂非難自体がじつは互酬性の伝統的倫理観に根ざしているという、矛盾をふくんだ心理的傾向を、いまかりに「賄賂に対するアルカイックな態度」と呼ぶとしよう。同様の態度は、前五世紀初頭に活動したロドス島出身の抒情詩人ティモクレオンにも見て取れる。彼は、同時代のペルシア戦争でギリシアを勝利に導いたアテナイの有力政治家テミストクレスが、賄賂を受け取ったといって、つぎのように非難する。

> だがテミストクレスを、レト女神は憎みたもうた。彼は嘘つきで不正な裏切り者だからだ。彼は不埒な金で買収され、かつて自分の賓客（クセノス）であったにもかかわらず、ティモクレオンを祖国イアリュソスに帰国させなかったのだ。［断片一 PMG727］

ティモクレオンは、ペルシア戦争に際してペルシア側に味方した罪で、ロドス島のポリスである故国イアリュソスを追われた。戦後、彼は以前からクセニア関係を取り結んでいたテミストクレスに頼んで故国への復帰を働きかけたが、拒絶されたのである。それを彼は、テミストクレスが買収されたせいだと解釈し、このようにはげしく非難するのである。

テミストクレスが誰からどのように買収されたかを、詩人は明らかにしない。いずれにせよ、ここでも非難の動機は私的怨恨であるのみならず、互酬性に基づくクセニア関係そのものによって裏打ちされてもいる。クセノス（クセニア関係の相手）であれば当然期待されるものを、テミストクレスは自分に返礼してくれなかった、としてその不当性が主張されている。ここには賄賂に対するアルカイックな態度が、ヘシオドスよりも鮮明にあらわれているといえる。

これらとは、ややことなる文脈に位置づけられるのが、前五九四年にアテナイの国制改革をおこなった立法者ソロンの態度である。ソロンが立法したと伝えられるアテナイの法は、後世の捏造や断片もふくめて一五〇あまりにものぼるが、そのなかに賄賂を禁止する法文は、一つも見あたらない。ではソロンが賄賂の危険性をまったく認識していなかったかというと、そうでもない。彼はエレゲイア（哀歌）という形式の詩において、アテナイにおける賄賂の横行をつぎのように嘆く。

市民みずからが賄賂になびき、偉大なポリスをおろかにも破滅に導こうとしている。［断片四、六行 West］

ソロンは立法者という立場から、たしかに賄賂が国家に対してもたらす害悪を認識してはいた。ゆえにこの詩断片は、ヘシオドスやテイモクレオンとちがって、ポリス共同体の公的な利益を守る立場からの賄賂非難といえる。だが、そのソロンが立法によってはっきりと賄賂を断罪できなかったのは、なぜであろうか。それは、彼が貴族と民衆との間の調停者という立場におかれていたからにほかならない。

前七世紀なかば以降、アテナイでは貴族政が動揺し、前六世紀初頭には、出生エリートと平民、富者と貧者との社会対立が、のっぴきならぬところまで激化していた。そこでポリスの分裂を回避するために、両勢力の調停者として全権を委ねられたのがソロンである。「賄賂をむさぼる貴族たち」によって不利益をこうむるのは、おそらく貧しい民衆の側であろう。だがソロンは、あくまで双方の言い分に耳を傾けるべき調停者であったから、一方的に民衆の側に立って、法的強制力で貴族を処罰することはできなかったのである。

### 破られた誓い

ではアテナイにおいて、公的な制裁が賄賂に対して用意されるようになるのは、いつからであろうか。この問題には、後述するように議論の余地がおおいにある。しかしながら、血筋を誇る貴族の門閥が、ほとんど専断的な権限をもって国政を運営していた貴族政という文脈において、それは訴訟や刑罰のような法的強制力による制裁ではありえなかった、と私は考える。賄賂に対する最古の公的な制裁装置は、むしろ宗教的抑制力に期待した宣誓のようなものではなかったか。たとえば、伝アリストテレス『アテナイ人の国制』（第一章で述べた伝クセノフォン『アテナイ人の国制』とは別作品）は、貴族政時代において強大な政治的権限をもっていた九人のアルコン（執政官）の就任儀礼について、つぎのように述べる。

このようなやり方で資格審査を受けた後、〔九人のアルコンは〕切り刻まれた犠牲獣が載せてある石に歩み寄る。……〔彼らは〕この石に上り、正しくかつ法に則って職責を果たし、職務のゆえに賄賂を受けることなく、もし賄賂を取ったら黄金像一体を奉納しようと誓う。宣誓がすむとそこからアクロポリスに進み、そこでもまた同じ宣誓を行う。しかるのち職務に就く。（五五章五節）

アルコン職は、体制が貴族政から民主政へと変わったあとも存続した。ここではアリストテレスと同時代（前四世紀末）のアルコン抽選と資格審査、および宣誓の手続きが記述されているが、貴族政の時代にあっても同様の宣誓がおこなわれていたと考えられている。一九七〇年六月、アルコンが上って宣誓したというこの石が、アゴラの北西にある「王のストア」（ストア・バシレイオス）正面から発掘された。ミケーネ時代（前一六～前一三世紀）の墳墓の石を転用したものと推測され、今日遺構が見られる王のストアの建設に先立って、ソロンの時代、あるいはそれ以前から、ここにおかれていたと考えられている。すり減って凹んだその表面は、何世紀にもわたって大勢のアルコン候補者がこの上に上ったことを物語っており、この宣誓自体の古さを証拠立てる。

ここで問題になるのは、宣誓文中の「職務のゆえに賄賂を受けることなく」という一句がいつ加わったのかということである。おそらくそれは、アルコンの選任手続きが、それまでの選挙制から抽選制に変わった前四八七／六年よりもあとのことではありえまい。抽選制の導入によってこの年以降、アルコンは権限が低下して国政上の重要な地位から追われることになった。そうなったあとで、アルコンの職権濫用を戒める文句がつけ加わったとは考えにくいのである。

この文句が、アルコンの職権濫用に対する一種の抑制手段だと考えるならば、それが宣誓

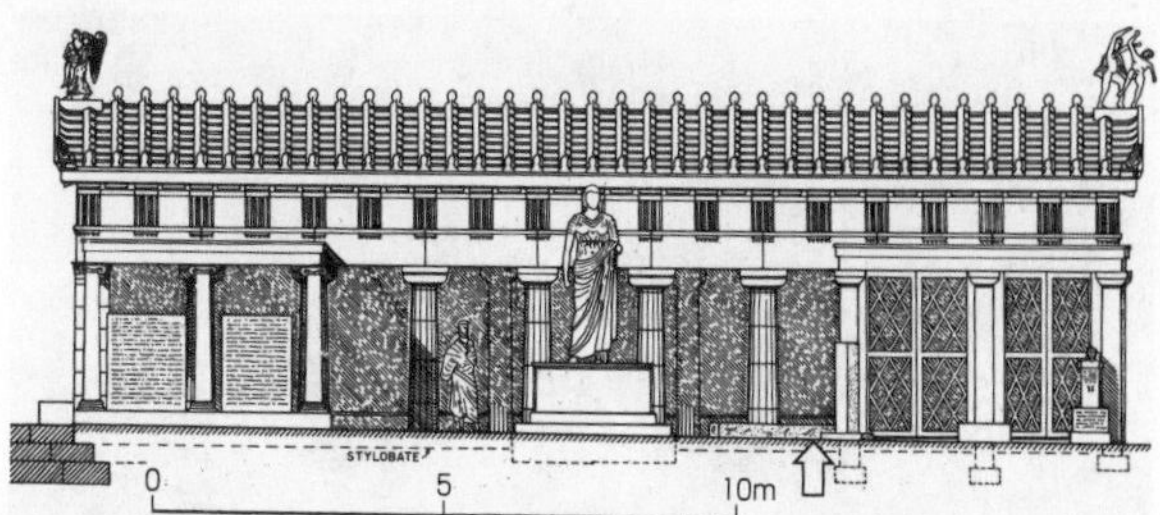


王のストア復原図。前300年ころ。正面中央に掟の女神テミスの大理石像があり、その向かって右（矢印）にアルコン宣誓の石があった。ストアの建物は、古くからここにおかれていた宣誓の石に合わせてその向きが決められたらしい。

アルコン宣誓の石。アゴラ北西、「王のストア」（ストア・バシレイオス）の遺構正面から、1970年6月に発掘された。黄褐色の石灰岩で、0.95×2.95×0.4m。ミケーネ時代の墓室の石を転用したものと考えられている。

アレオパゴスの丘。アゴラからアクロポリスに登る途上にあるこの丘は、「アレスの丘」（アレイオス・パゴス）と呼ばれ、軍神アレスを祭る場所であった。貴族政の牙城であるアレオパゴス評議会はここで開かれていた。

として課されるようになったのは、彼らがまだ専断的な権限をふるい、そしてそれに対する不満が高まっていた時代であると考えねばならない。ソロンによる一連の司法制度改革では、アルコンの裁判権に一定のたがをはめることが眼目だったと考えられている。したがって、裁判においてアルコンが訴訟当事者から収賄して不当な判決をくだすという、まさにヘシオドスを憤慨させたような悪弊に、（明確に犯罪として処罰できぬまでも）なんらかの歯止めをかけようとして、ソロンがこの「賄賂を受けることなく」という宣誓句を採用したと考えることもできよう。

かりにこの推測があたっているとするならば、賄賂に対する最古の制裁装置が、宣誓という、宗教的な抑制力に依存したシンボリックな威嚇効果しか期待できないものであった理由も明らかになる。この時代、役人の不正行為を処罰できたのは、アルコン経験者が終身その評議員となるアレオパゴス評議会であったとされる。だとすれば、貴族の長老会議であるこのアレオパゴス評議会が、自分たちの後輩であるアルコンの収賄に対して、きびしい処罰をもってのぞんだとは想像しにくいのである。いいかえるならば、収賄する側とそれを裁く側とが、基本的に同一の利害関係に立つ貴族であるかぎり、役人の収賄罪に対する厳格な法的制裁が発生する余地はなかったわけである。

この宣誓に実効性がなかった証拠に、誓いを破った場合奉納せねばならぬという黄金製の像が、これまで発見されたり、あるいは古典史料に言及されたりということは、一切ない。たしかに古代人にとっての宣誓とは、神々との約束であって、それを破った場合に降りかかる神罰への恐れを、過小評価はできない。にもかかわらず、古代ギリシアの国際政治において、宣誓によって発効した和平や同盟の条約が、幾度となく破棄されたことからも明らかなように、誓いはごく頻繁に破られもしたのである。

### 民主政の出発

ソロンの改革ののち、引き続く貴族の政権争いと僭主政の樹立、その打倒という混乱した時代をへて、前五〇八／七年、クレイステネスの改革によって、アテナイは民主政をスタートさせる。もとよりこの段階での民主政は基礎を築かれたにすぎず、貴族政的な要素もまだ濃厚ではあった。しかし、民会における多数決で国家の意思を決定するという、それまでになかったシステムを、この改革によってアテナイ人は手にいれたのである。「賄賂をむさぼる貴族たち」が専断的に国政を指導できた時代は、ここに終わりを告げた。

しかしながら、民主政のスタートによって、賄賂に対するアテナイ人の態度が一挙にあらたまったかというと、けっしてそうではない。民主政は、たしかに賄賂に対する厳格な態度が醸成される一つの条件を提供したかもしれないが、その直接の原因ではなかった。彼らが賄賂に対するどっちつかずの曖昧(あいまい)な態度から、一歩踏み出して、公的な立場に立ってきびしく制裁を加えるようになるためには、さらにもう一つの段階をへる必要があった。その過程を、次章で見ることにしよう。

## 3　ペルシア戦争という転機

### 貧富の差

賄賂（わいろ）に対するギリシア人の態度に転機をもたらしたのは、前五世紀初頭、アケメネス朝とギリシア都市連合との間で戦われたペルシア戦争であった。前章で見たように、前六世紀までのアルカイック期における賄賂非難とは、贈与互酬（ごしゅう）の美徳を善しとする立場そのものが根拠になっているのが特徴であった。ポリス共同体、あるいはギリシア人の連合体という公共の立場から、賄賂をはっきりと断罪しようとする姿勢があらわれるのは、ペルシア戦争という未曽有の戦いにギリシア人が直面し、ある種の賄賂が公共性にとって破壊的な結果をもたらしうることに気づいたときであった。

前六世紀末に全オリエントと周辺地域を支配下においたアケメネス朝ペルシアは、西は小アジア沿岸から東はインドにいたる空前の大帝国に、中央集権的な徴税システムを築き上げた。歴史の父ヘロドトスによれば、ペルシア王ダレイオス一世のもとに年々集められる徴税額の総計は、銀に換算して約一万四〇〇〇タラントンという莫大な金額にのぼったという。もちろんヘロドトスの数字には誇張があって、そのまま信用するわけにはいかないが、当時のギリシア人がペルシア王の財力を桁違いのものと想像していたことはよくわかる。

少々後の話になるが、これと比較して、たとえばパルテノン神殿をふくむアクロポリス再建事業に一五年にわたり投下された金額は、多くて約三〇〇〇タラントンと見積もられているし、またアテナイを盟主として結成されたデロス同盟諸国が拠出する同盟貢租金（フォロス）は、年額総計五〇〇タラントン前後であった。そのことを考えれば、ギリシアの諸ポリスがたとえ連合を組んで対抗しようとしても、その資金力はペルシア王一人が動かす財力に、遠くおよばなかったわけである。

ペルシア帝国とギリシア人との貧富の差を示すエピソードが、ヘロドトスによって語られている。ペルシア戦争の帰趨をほぼ決定した前四七九年のプラタイアの戦いに勝利した直後、ギリシア軍総司令官であったスパルタの将軍パウサニアスは、戦場に遺棄されたペルシア王クセルクセスの贅沢な調度品を目にする。クセルクセスは前年のサラミスの海戦でペルシア海軍が壊滅したあと、陸軍を総司令官マルドニオスに委ねて本国へ引き上げたが、そのとき自分の家具調度をマルドニオスに残してやったのである。

将軍パウサニアスは、それらの贅をこらした調度品のかずかずを見て、あるたわむれを思いついた。彼はまず、捕虜になったペルシア軍のパン職人と料理人に命じて、マルドニオスのためにつくっていたのと同じやり方で料理をつくらせた。それができあがると、パウサニアスは、金銀の寝椅子や食卓、そしてそれまで目にしたこともない豪華な料理と食器を前に

ペルシア王に貢納する臣民たちの行列。イラン、ペルセポリスのレリーフより。羊などの貢納品が描かれている。毎年ペルシア王に税や贈り物を献上する人々のなかには、ペルシア帝国支配下の小アジア沿岸に住むギリシア人の姿もあった。

して、その贅沢に驚きあきれてしまった。

そこで今度は、スパルタ風の質素な食事をつくらせ、両者をくらべてみたところ、彼はそのあまりの落差に笑い出してしまい、ギリシア軍の将軍たちを呼んでこういったという。「ギリシア人諸君、私が君たちを呼び集めたわけというのは、こんなに贅沢な生活を送っていながら、こんなにも貧しい暮らしをしているわれわれから、モノを奪おうとしてやって来た、あのペルシア人司令官の愚かさを見せてやりたいと思ったからだ」(ヘロドトス『歴史』九巻八二章)。

### 戦略としての賄賂

このエピソードは、大帝国ペルシアを打ち破ったギリシア人の誇りを語ると同時に、彼らにとってペルシア王の財力が、まさに驚嘆すべきものであったことを、はしなくも暴露している。その巨万の富は、これから述べてゆくように、戦略としての賄賂の有効性と危険性を、ありありと彼らに印象づけることになったのである。ペルシア戦争をさかいに、とくにヘロドトスの記述において、賄賂に関する史料記述には、あらたな様相が加わるようになる。

さまざまな民族の文化と習慣に、深い関心と知識をもっていたヘロドトスは、贈与慣行についても興味深い記述を数多く残している。賄賂についても同様である。ペルシア戦争最大の山場である前四八〇年前後の記述のなかには、事実かどうかは別にして、ペルシア王が賄賂を使うことによって、ギリシア連合軍のなかから寝返りを誘おうとしているという、一種の危惧感の存在を示すものが少なくない。たとえば、つぎのようなエピソードである。

話は少しさかのぼる。前述したプラタイアの戦いの前年、両軍の大決戦を目前にした前四八〇年夏のこと。クセルクセス指揮下のペルシア軍は、バルカン半島を南下してテルモピュライの天険にさしかかり、いよいよ中南部の主要ポリス連合と対決しようとしていた。同時にエーゲ海を進むペルシアの大艦隊は、エウボイア島北部にその姿をあらわし、迎え撃つギリシア艦隊と対戦する。アルテミシオン沖海戦と呼ばれるこの前哨戦では、双方互角に戦い、どちらもかなりの損害をだした。だが結局ギリシア艦隊は、テルモピュライを支えていたレオニダス将軍以下の守備隊が全滅したとの報に接して撤退し、アテナイ前面に浮かぶサラミス島に向かうのである。

さて、この海戦の直前、艦隊を率いるギリシア軍司令官たちの間に、戦うか否かをめぐって混乱があった。ペルシアの大軍を目にして恐慌をきたした彼らは、はやくも撤退を協議しはじめたのである。ギリシア軍に見捨てられることを恐れたエウボイア島住民は、連合艦隊の最高指揮官であるスパルタの将軍エウリュビアデスを説得して、撤退を思いとどまらせようとしたが、失敗する。そこでつぎに彼らは、アテナイの将軍テミストクレスを、三〇タラントンという大金で買収しようとくわだてるのである。

テミストクレスは、このののちサラミスの海戦でペルシア戦争を大勝利に導き、全ギリシア的英雄となる将軍である。だが抒情詩人ティモクレオンが非難するように、なぜか彼には、賄賂をめぐる噂(うわさ)が多くつきまとう。このときも彼は、エウボイア住民の頼みを聞き入れて、その大金を受け取ったばかりか、それを使ってたくみに周囲を買収工作に巻き込んでいったのである。彼はまず、その三〇タラントンのなかから、あたかも自分の金であるかのようにして五タラントンをエウリュビアデスに贈り、今度は撤退を翻意させることに成功した。

つぎに彼は、有力ポリスの一つコリントスの将軍アデイマントスを説得しようと試みた。ところがこちらの将軍は、どうしても首をたてに振らない。そこでテミストクレスは、つぎのようにいってアデイマントスをも買収するのである。

同盟軍を見捨てる見返りにペルシア人の王があなたに贈るであろう贈り物よりも、もっと多くのものを、私はあなたに贈るであろう。だから、どうかわれわれを見捨てないでほしい。（ヘロドトス『歴史』八巻五章）

こうしてテミストクレスは二人の将軍を贈賄によって説得し、踏みとどまって戦わせることに成功すると同時に、みずからも私腹を肥やした。しかも買収された人たちは、その金の出所がアテナイだと信じこんでいたという。

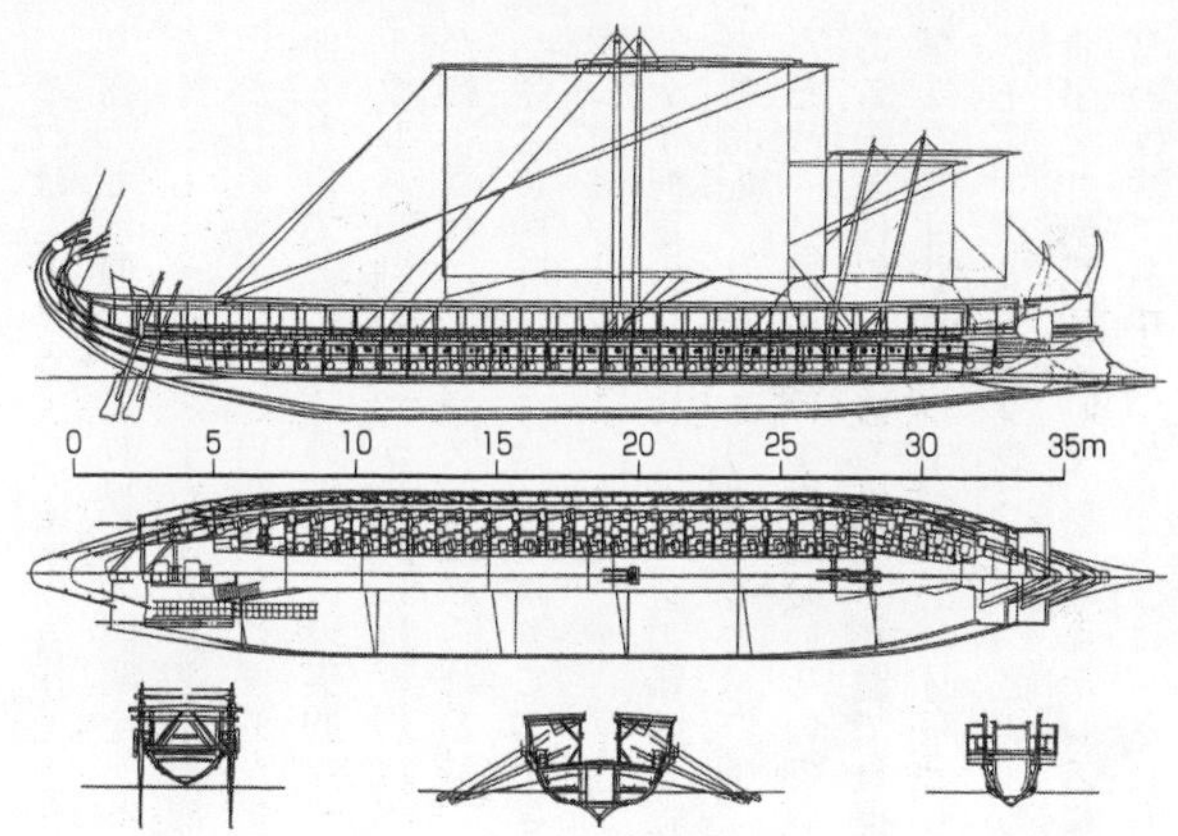


三段櫂船復原図（J.F.Coatesによる）。古代ギリシアの海戦に用いられた主力軍船で、古典期には170人のこぎ手が上下３段に分かれて乗り組み、長いオールを一斉に動かした。舳先にとりつけた青銅製の衝角で敵船に体当たりして撃沈する。軍船の修理や維持管理には多額の費用が必要で、三段櫂船奉仕者が私費でそれを担当した。

復原された三段櫂船オリュンピアス号。ケンブリッジ大学教授モリソンらが中心になって設計・建造し、1987年６月にギリシア海軍の軍艦として就航した。

それはともかく、「同盟軍を見捨てる見返りにペルシア人の王があなたに贈るであろう贈り物」とは何か。これ以上の説明を、ヘロドトスはあたえてくれない。しかしこの一句は少なくとも、ペルシア王がギリシア軍指揮官を買収して軍を撤退させようとしているのではないかという不安が、当時すでにギリシア側に広がっていたと想定してみて、はじめて理解できるものである。その不安に現実的な裏づけがあったかどうかは別として、ここでのテミストクレスの話の持ちかけ方には、現にペルシア王からギリシア軍司令官に買収工作があったかのようなニュアンスが感じられる。

さらに興味深いのは、やはりこのときの出来事として、ローマ帝政期の歴史家プルタルコス（プルターク）が、『テミストクレス伝』で伝えるエピソードである。それによれば、アテナイ海軍のなかにもペルシア艦隊と戦うことに反対する人物がいた。アルキテレスという三段櫂船奉仕者（トリエラルコス）で、乗組員に支払うべき十分な賃金を用意していなかったため、戦闘を避けて撤退をいそいでいたのである。ちなみに三段櫂船奉仕者とは、軍船である三段櫂船の艤装や修理を私財で負担するとともに、みずからも船長として乗組員の面倒を見る役目であり、一定以上の財産をもつ富裕市民に強制的に割り当てられていた。

そこでテミストクレスは、つぎのようなやり方で彼をも買収した。まず彼は、パンと肉の食事を弁当箱にいれて、アルキテレスに送ってやった。その箱の下には、銀一タラントンがしのばせてあった。そして彼に、さしあたってはまず食事をして、昼になったらこの資金を使って乗組員の世話をしてやれと命じた。さもなければ、市民たちの前で、敵から賄賂をもらったやつだといって、おまえをののしってやるぞ、とおどしをかけたという（『テミストクレス伝』七章五〜六節）。

この話の典拠としてプルタルコスが名前をあげているのは、レスボス島のファニアスという著作家である。この人はアリストテレスの弟子で、前四世紀後半に歴史学・政治学などの研究に従事した学者であり、この史料断片も相応の情報源に基づいたものであろうが、もちろんこの話のとおりの事実があったかどうか確証はないし、ここでも問題にしない。重要なのは、賄賂に対する当時の人々のどのような態度が、このエピソードに反映されているかである。

弁当箱の底に貨幣をしのばせるという贈賄の手口は、「菓子折に上げ底」といった日本の伝統的な「袖の下」を連想させる。それはともかく、第一章でも言及したこの事例は、隠れて賄賂がやりとりされていること、そして当事者が賄賂性を認識していることをうかがわせて興味深い。

それよりも重要なのは、もしあくまで撤退を主張するならば、ペルシアから買収されたと疑われるぞ、というテミストクレスのおどし文句である。将軍のみならず、一人の軍船船長にまでペルシア側の買収工作の手が伸びているのではないかという危惧が、現実味を帯びたものとして、当時の一般市民に共有されていたことを物語る。

## 買収工作の進言

こうした危惧が、恐怖に駆られたたんなる集団妄想ではなく、現実のものになりえたことを示す事実を、ヘロドトスは語っている。

アルテミシオン沖海戦のあと、津波のように押し寄せるペルシア陸海軍を、どのように迎え撃つべきか。このアテナイ市民の問いに、デルフォイのアポロン神がくだした有名な神託は、「ゼウスは木の砦を救いとして賜るだろう」という謎めいたものであった。「木の砦」を軍船と解釈したテミストクレスは、少数のアクロポリス守備隊を残してアッティカ全土を放棄し、成年男子全員を軍船に乗せて、サラミス島に待機させるという戦略にでた。

アッティカは侵入してきたペルシア軍に蹂躙(じゅうりん)され、アクロポリスは陥落し破壊された。しかしテミストクレスの策略によって、ギリシア艦隊は本土と島の間にある狭いサラミス水道に敵をおびき寄せることに成功し、身動きがとれなくなったペルシア艦隊は、本土の対岸でクセルクセス王が見守る前で、各個撃破されて壊滅してしまった。この史上名高きサラミスの海戦で、海上におけるギリシア連合軍の勝利は、ほぼ確定したのである。

こののちクセルクセスは小アジアに引き上げ、ペルシア軍総司令官マルドニオスが、残存兵力を率いてギリシア北部のテッサリアで冬を越しながら、つぎの決戦に備えた。翌前四七九年、冬を越したマルドニオスは、テッサリアをあとにしてふたたびアテナイを占領すべく

デルフォイのアポロン神殿跡。アポロンの神託は全ギリシア世界の信仰を集め、国家の運命から私人間の紛争まで、あらゆる問題に答えた。デルフォイは、4年に1度開かれる全ギリシア的祭典であるピュティア祭でも有名であり、競技場の遺構が今も残る。

南下を開始し、アテナイの隣国であるボイオティア地方にはいった。当地の有力ポリスであったテバイは、このときペルシア側についた。テバイ人はマルドニオスに、これ以上先に侵攻せず、ここで陣を構えたまま、調略によってギリシア連合軍を分裂させる方策を進言する。

すなわちヘロドトスによれば、テバイ人は、ギリシア連合軍に属するポリスの有力者にあらかじめ賄賂を贈っておいて買収し、敵の戦略を熟知したうえで、寝返りを誘うように勧めたというのである（『歴史』九巻二章）。ギリシア人が贈与互酬の倫理に弱いことにつけこんだ策略であった。これが事実とすれば、ペルシア王が贈賄工作によって裏切りを誘い出そうとしているのではないか、というギリシア人の不安は、けっして現実的根拠を欠くものではなかったことになる。

### 石打ちにされた評議員

しかしマルドニオスは、この進言を退ける。それは再度アテナイを占領し、クセルクセスに再占領の吉報をぜひもたらしたい、という欲望からであった。彼は軍をアッティカに進め、望みどおりアテナイを占領する。しかし、このときもアテナイ市民は国土を放棄してサラミス島に避難しており、市街はもぬけの殻であった。

ここでマルドニオスは、サラミスにいるアテナイ市民団に使者を送り、和議の提案を申し入れる。使者はムリュキデスというギリシア人であった。マルドニオスはまだテッサリアに冬営していたおりにも、同様の申し入れをアテナイに対しておこなっていたが、アテナイはこれを拒絶していた。再度の和議提案をしたのは、国土が占領されたいま、アテナイ人の態度も軟化しているのではないか、と見込んだからである。

さて和議の使者を迎え入れたサラミス島では、つぎのような事件が起こった。ヘロドトスはこう語る。

評議会に到着すると、ムリュキデスは彼らにマルドニオスからの伝言をもたらした。このとき評議員の一人でリュキデスなる者が、和睦の申し出を受け入れてこれを民会に提議すべきであると思う、と述べた。彼がこのような意見を開陳したのは、本当にマルドニオスから賄賂を受けたからか、あるいはそれが良策と信じたからなのか、いずれかである。しかしアテナイ人は、評議会の内にいた者も外にいた者も、リュキデスの提案を聞いて憤激した。そして彼の周囲に立つと、石を投げつけて殺してしまった。ただしヘレスポントスの人ムリュキデスには、危害を加えずに去らせた。サラミス島ではリュキデスの問題をめぐって騒動が持ち上がった。そしてアテナイの女たちは、事の次第を聞き知ると、命じられもしないのにたがいに指図を出し合い、連れだってリュキデスの家に来ると、彼の妻と子どもたちを石打ちにして殺した。（『歴史』九巻五章）

つまりアテナイ市民たちは、和議の受入れを発議した評議員リュキデスの発言に激高し、彼とその家族を、たちまち石打ちにして殺害してしまったのである。

この事件の背後には、いくつもの興味深い問題が隠れている。評議員リュキデスがこうむった災難は、正式の裁判手続きによらない、いわば発作的なものであったから、「リンチ」（私刑）と呼ばれることが多い。しかし、評議会とそれを取り巻く大勢の市民が、意思をともにしておこなったことであるから、むしろ公的な制裁と解釈するほうが実情に近い。大勢で一人の人物を取り巻き、石を投げつけて殺害するという石打ちの刑は、地中海周辺の文明ではよく知られていたものの、アテナイの刑罰のなかではあまり見られない珍しいものであって、宗教的けがれを負った罪人に対して執行される刑の一種と考えられている。

評議員リュキデスという人物については、このエピソード以外に史料的手がかりがない。先述のとおり、民会に決議案が上程されるためには、まず評議会での先議を必要としたから、リュキデスは評議会で和議の提案を通過させたあと、民会への上程をくわだてたものらしい。

さらに、ふだんであれば政治の世界にまったく登場しない女性たちが、事件に積極的にかかわっている点、そして本人のみならず親族までもがリンチの犠牲になっている点も目を引く。とくに親族に刑の対象がおよんでいることは、法律上の観点から重要であるが、これについては第五章でふたたび言及する。いずれにせよ、それほどリュキデスの提案が、市民たちの憤激を誘ったということである。

だが、ここでもっとも重要な問題は、評議員リュキデスが、具体的に何を罪に問われて石打ちの刑にあったのか、ということである。直接の罪状が、和議受入れを発議しようとしたことであったのは、まず間違いないだろう。しかし、いかに戦時とはいえ、制裁の方法が感情にあおられた残酷なものであること、何より市民たちがそこまで激怒したことを考えると、はたして理由がそれだけなのかどうか、疑問は残る。

この事情を探るために重要な第一の手がかりは、話の文脈である。この出来事の叙述に先だってヘロドトスは、先に述べたテバイ人による買収進言の話を語っている。『歴史』には、マルドニオスはそれを退けた、と書かれているが、これはその後アッティカへと侵攻を続けたことの説明として解釈すべきであり、買収進言の文脈はまだ途切れていない。その証拠にヘロドトスは、「彼〔リュキデス〕がこのような意見を開陳したのは、本当にマルドニオスから賄賂を受けたからか、あるいはそれが良策と信じたからなのか、いずれかである」と、主観的なコメントを挿入している。第二に重要な手がかりは、このコメントにある。

もしこのとき、リュキデスはペルシアに買収されてこのような提案をしたのだ、という嫌疑が市民の間に存在しなかったならば、ヘロドトスはわざわざこのようなコメントをしたであろうか。よく知られているように、ヘロドトスは史実を探究するにあたって、それが可能な場合には、しばしば複数の情報源を明らかにし、そのうえでそれらの信憑性を論じて、信ずべき情報を採用し、あるいはどれが事実であるか判断がつかない場合には結論を保留する。この場合は、後者にあたる。もちろんこの嫌疑が事実であったかどうかは、ヘロドトスにも判断がつかなかったのだが、いずれにせよ彼のコメントは、リュキデスがマルドニオスから賄賂をもらって和議の受入れを提案したと、多くのアテナイ市民が信じていたことを示唆する証拠であるといえよう。

古代ギリシアの賄賂と政治について基礎的な研究をおこなったF・D・ハーヴィーの言葉

を借りれば、このアテナイ市民による集団的制裁行為は、「収賄行為に対するリアクションとして、知られるかぎりでもっとも暴力的なもの」であった。裁判手続きなしにおこなわれたとはいえ、アテナイ市民団が収賄行為にはっきりと公的制裁を加えた最初の事例である。

## 仲介者を処罰する

さて、こうして今度も和議を拒否したギリシア連合軍は、その後、本章冒頭で述べたプラタイアの戦いで勝利し、また他のいくつかの小規模な戦闘にも勝って、小アジア沿岸のギリシア人をペルシアの支配から解放する。その後もペルシアとの戦争状態は前五世紀なかばまで続き、その間エーゲ海北部・東部で散発的に戦闘が繰り広げられた。ギリシアの自由をおびやかす、もっとも憎むべき敵とペルシア人を見なす態度は、このころからギリシア人の間で一般的になってゆく。

年代ははっきりと特定できないが、おそらく前四七〇～前四六〇年代のある時期に、今度は民会決議という、アテナイ市民団の正式な意思として、ペルシアからの賄賂を仲介する者に制裁がくだされることになった。アルトミオスという人物に対する制裁決議がそれである。これもまた、ペルシア戦争が賄賂に対するギリシア人の態度をあらためさせた画期であったことをよく示す事実である。決議文そのものは伝わっていないが、前四世紀末の弁論家たちがしばしば引用したため、それらの引用をもとに、つぎのように復原されている。

ゼレイアの人ピュトナクスの子アルトミオスは、メディア人から黄金をペロポネソスに運び来たったがゆえに、本人家族ともに法の保護の外におかれ、かつアテナイ市民団および同盟諸国の敵となるべし。またアテナイおよびアテナイが支配する領土から追放されるべきこと。(R. Meiggs, *The Athenian empire*, Oxford, 1972, p.509)

ここでアテナイ市民団による制裁対象とされている人物は、ペルシアから収賄した本人ではなく、その仲介者で、しかもアテナイ市民ではなく、ゼレイアという小アジア北部のポリス出身のアルトミオスである。なお、ここでの「メディア人」とはペルシア人を指す。

一部の学者はこの決議を後世の捏造(ねつぞう)ではないかと疑うが、その懐疑論は少数派で、ここでは真正のものと考えよう。この決議が、ペルシアからの収賄行為とは無関係であるという可能性も否定できない。だがここでも重要なのは、この民会決議が引用される文脈である。前四世紀の弁論家たちはほぼ例外なく、異民族からの収賄にかつてのアテナイ人がいかにきびしい態度をとっていたかを例証する史料として、これを引用しているからである。

ペルシアからペロポネソスに「黄金」が運び込まれたのが事実として、それが最終的にアルトミオスから誰の手にわたったのか、いかなる経緯でこのような買収事件が起こったのかについて、史料は沈黙している。ただこの時期には、かつてギリシア連合軍の司令官だった

テミストクレスの名を刻んだ陶片（オストラコン）。直径約7 cm。陶片追放（オストラキスモス）は、一人の市民の名前を陶片に刻んで投票し、定足数6000票で最多得票者が10年間国外追放されるという制度。テミストクレスはサラミスの勝利で大きな声望を獲得したが、逆にそれを警戒されて前470年代末に陶片追放された。

パウサニアスやテミストクレスが、こともあろうにペルシアと内通しているとの嫌疑をかけられるという政治事件が、たてつづけに起こっていた。とくにテミストクレスは、アテナイを陶片追放されて一時期ペロポネソス半島北東部のアルゴスに滞在していたことがあったから、これら一連の事件をこの決議の背景として考える学者もいる。

なお、ここで「法の保護の外におかれ」と訳した「アティモス」という語については、第五章でくわしく論じるが、要するに殺害されても傷つけられても、あるいは財産を損なわれても、本人ないし家族は法に訴えることもできず、それを実行した者も罪に問われない、という状態である。いずれにせよこの民会決議から読み取れるのは、いまだペルシアと戦争状態が続く前四七〇～前四六〇年代において、アテナイ市民団が、ペルシア王からの賄賂を仲介したとされるアルトミオスに、「法の保護停止」という苛烈な制裁を科したということなのである。

以上見てきたように、ペルシア戦争をきっかけに、それまで比較的賄賂に寛容な態度をとってきたギリシア人は、その認識をあらためるにいたった。そして、ペルシアから有力者が賄賂を受け取る行為は、ポリスやギリシア世界全体の存立をおびやかすほど危険であると自覚し、その種の賄賂に公的制裁を加えるようになったのである。伝統的に互酬性の倫理に身をひたしてきたギリシア人は、賄賂のききめをよく知っていた。それだけに、ペルシア戦争という空前の危難に際して、賄賂が戦略の手段として用いられることに、なおさら大きな不安をいだいたわけである。

**異民族観の変容**

ここまでの話から、賄賂に対するギリシア人の態度が、ペルシア戦争を契機に不寛容なものに変容するという、一つの図式が見えてきたと思う。興味深いことに、これときわめてよく似た図式が、ギリシア人の異民族（バルバロイ）に対する態度についてもあてはまるのである。

古典期におけるギリシア人は、主として言語的な差異から、ギリシア語を話さない民族すべてを、「バルバロイ」（バルバルとしか聞こえない言葉を話す人々）として、ひとくくりにとらえていた。このような集団的他者認識の型を、イギリスのギリシア史学界の重鎮P・A・カートリッジは、「両極対立」（ポラリティ）という概念で説明する。ちょうど右と左、男と女のように、ギリシア人でなければバルバロイ、バルバロイでなければギリシア人という、自己と他者との関係性のとらえ方である。

しかもギリシア人の他者認識は、きわめて自民族中心的であった。バルバロイは本性上、奴隷的で女性的、臆病で劣等であり、他方ギリシア人は自由で専制に服さず、市民的な自治能力があり、かつ男性的で勇敢であるという優越感を、彼らはつねにいだいていた。たとえばアリストテレスはつぎのようにいう。

寒冷地に住む民族、とりわけヨーロッパに住む民族は、気概に満ちているが、思考と技術は劣っている。したがって、比較的自由に暮らしているが、国制をもたないため、隣人を支配することができない。アジアに住む民族は、思考と技術知に富んだ精神をもつが、気概に欠けるため、支配され、隷属することになる。しかし、ギリシアの民族は、地理上、両者の中間に位置するように、両者がもつ力を分けもっている。すなわち、気概と思考力をもつ。したがって、自由であり続けながら、最善の政治統治を行い、ある一つの国制を採用〔して国家を統合〕する機会を得れば、他のあらゆる民族を支配できるだろう。(『政治学』七巻七章、神崎繁・相澤康隆・瀬口昌久訳)

ここでいう「ヨーロッパに住む民族」とは、ヨーロッパ大陸北部に住むケルト人などの異民族を指すもので、もちろんギリシアをはじめ地中海文明の諸民族はふくまれない。ここには、一般に中間が徳の点でもっとも高いというアリストテレスの中庸観とともに、異民族には市民的自由と自治、そして勇気という徳が本性上欠落しており、逆にギリシア人はそれらの徳をすべてそなえているという、自民族中心的な世界観がよくあらわれている。

このように自己(ギリシア人)と他者(異民族)の関係を両極対立的に、しかも優劣の序列をつけて考える異民族観は、ギリシア人が当初からいだいていたものではなかった。ホメロス以来の文学テクストのなかに異民族観の変容を見いだし、その背景にあるイデオロギーの変化をあとづけたのは、イギリスの古典学者E・ホールである。彼女によれば、アルカイック期の文学、とくにホメロスにおいては、異民族とギリシア人との文化的・言語的差異が認識されていたにもかかわらず、自民族中心的な異民族観は、まだほとんど見られない。それが出現するのは、前五世紀にはいってからのことであり、ここからギリシア人と異民族とを両極対立的にとらえ、異民族を見下すイデオロギーが生まれていったという。そして、このイデオロギーの変容は、何よりもペルシア戦争において、ギリシア人がペルシア人の侵攻を撃退したことによってもたらされた、というのが彼女の主張の一つの要点である。ホメロスの叙事詩には、賄賂非難が見られないのと同様に、異民族を蔑視する自民族中心主義も見られない。『イリアス』第二歌のいわゆる「軍船の表」には、「バルバルという声をもつカリア人」〔八六七行〕という表現が見られるが、これはたんに言語のちがいを記述したものであって、民族的蔑視の観念はふくんでいない。トロイアの同盟軍にはカリア人をはじめ異民族が多く参加しているが、彼らもギリシア人同様英雄的に戦うありさまが描かれている。前述したディオメデスとクセニア関係を取り結ぶグラウコスにしても、リュキアという異民族の国からきた武将なのである。

ところがペルシア戦争をさかいに、とくに悲劇において、異民族観はいちじるしい変容を見せる。みずからマラトンの戦い（前四九〇年）とサラミスの海戦に参加したアイスキュロスによる『ペルシア人』（前四七二年上演）は、自由と勇気の徳を知るギリシア人が、専制支配者ペルシア王の大軍を打ち破った誇りを随所に描き出す。たとえば劇中、クセルクセスの母アトッサは、長老らのコロス（合唱隊）と、ギリシア人の戦い方についてつぎのような会話を交わす。

コロス　その上彼ら〔ギリシア人〕の軍隊は強力で、メディア人〔ペルシア人〕も大損害を蒙（こうむ）りました。

アトッサ　それは彼等の弓矢の業が優れているためか、それとも？
コロス　いえいえ、大楯で武装し、手槍で闘います。……
アトッサ　民の先頭に立ち、軍を指揮するのは一体何者？
コロス　彼等はいかなる者の奴隷でも、臣下でもないと広言しています。
（西村太良訳、二三六〜二四二行）

つまりギリシア人は、卑怯な飛び道具を使わず、身を挺して槍と楯で戦う勇敢な民族であり、また誰が誰を専制的に支配するのでもない、自由で独立した市民である、というのがアイスキュロスの含意なのである。

## 二重のダブル・スタンダード

異民族をめぐるイデオロギーと、賄賂をめぐるそれとが、いずれもペルシア戦争を重要な画期として変容をとげていることは、注目にあたいする。このような異民族観と賄賂観の変容は、それぞれ「隣人から他者へ」、そして「美徳から犯罪へ」という、寛容から不寛容への不可逆的な態度の変化を特徴としている点で共通する。

この二つの意識変容が、まったく無関係であったとは考えられない。ペルシア人に代表される異民族が、それまでとちがってよそよそしい、うさん臭い他者として認識されるに従

ギリシア人重装歩兵（右）とペルシア兵（左）の戦闘。アッティカ陶器に描かれた赤絵より。

い、彼らがギリシア世界にもたらす贈与も、危険な匂いのするものとして否定的な価値づけをこうむるようになったのではないだろうか。ここには、贈与を美徳としてきた伝統的価値観が、異民族の「他者化」をとおして変容を迫られるプロセスを見て取ることができる。

しかも見落とせないのは、賄賂を表面上非難しながら、裏ではなお社会生活上必要なものと見なす両価的な態度がこののち支配的になるのとまったく同様に、異民族を表面上は他者として排除しながら、裏ではお隣人として交流を続けるという態度もまた、存在しつづけたことである。第二章で述べたように、ギリシ

ギリシア人（左）とペルシア兵（右）を描いた壺絵。ペルシア兵は戦闘の意志を喪失した臆病者として描かれている。

ア人ポリスの有力者が異民族の有力者と個人的に賓客関係を取り結ぶという状況は、ペルシア戦争後もあいかわらず存続した。ペルシア軍を打ち破った将軍テミストクレスが、アテナイを陶片追放されて各地を転々としたのち、最終的にはペルシア帝国に迎えられ、アルタクセルクセス一世から所領をあたえられたことを想起すればよい。集合としての異民族を他者として排除する一方で、異民族との個人的な友好関係は有力者どうしの間で続いたし、そこでは当然、贈与互酬もおこなわれたのである。

こうして古典期にはいると、犯罪としての賄賂と他者としての異民族とが、顕在化した表の価値判断をともなってあらわれる一方で、美徳としての贈与と隣人としての異民族とが、潜在化した裏の価値判断をともなって伏在するようになる。いわば二重の両価性、二つのダブル・スタンダードの成立である。ここでの両価性は、一方の価値観が表面にあらわれると同時に、他方が裏に隠れるという、いびつな形のそれである。そして重要なことは、この二つのダブル・スタンダードが、けっして相互に無関係に存在するものではなく、ギリシア人と異民族とが依然として贈与互酬関係によって結ばれている以上、たがいに密接な関係にあったということなのである。

# 4　さまざまな賄賂

## 民主政の発展

すでに第一章でも述べたように、賄賂（わいろ）は客観的痕跡を残さない。何が許される贈与で、何が許されない贈与かといった価値観が投影されて、はじめてある行為が賄賂という犯罪として認識されるようになるのである。ペルシア戦争に際し、ペルシアから買収戦略の手段としてもたらされた贈与こそ、公共の利益を守る立場から、明確に犯罪として認識された最初の賄賂であったのだ。

アテナイ市民の賄賂認識は、その後の内外の状況の変化に応じて、多様な展開を見せてゆく。ペルシアとの内通にからんだ賄賂という認識のパターンは、ペルシア戦争が終結するにともない姿を消す。その一方で、他のさまざまな種類の賄賂行為が認識され、犯罪として識別されるようになってゆくのである。本章では、その賄賂認識の拡大と多様化をたどってみることにしよう。

前四七九年にペルシア戦争が一応の勝利を見たあと、エーゲ海周辺の諸ポリスは、ペルシア再攻にそなえてデロス同盟を結成し、同盟軍のために軍船と軍資金を供出した。アテナイはその盟主として前四七〇年代以降、急速に超大国としての存在感を増していった。やがてデロス同盟は、同盟金庫がデロス島からアテナイに移された前五世紀なかばころから、盟主アテナイの帝国主義的支配機構へと変貌してゆくようになる。

アテナイは、二〇〇もの同盟諸国から軍資金として同盟貢租金を徴収し、その結果、毎年数百タラントンという莫大な資金が、アクロポリスの同盟金庫へと運び上げられた。毎年の同盟貢租金からは、その六〇分の一がアテナ女神への初穂（アパルケ）として、公然と国庫に流用された。事実上同盟財政は、アテナイの国家財政と融合したのである。同盟諸国は、アテナイから行政官や駐屯軍を派遣され、あるいはアテナイの貨幣や度量衡（どりょうこう）を強制されたが、強大な海軍力を背景としたアテナイには、だまって従わざるをえなかった。このようにアテナイの支配機構と化したデロス同盟を、近代の歴史家たちは「アテナイ帝国」と呼んでいるほどである。

国際政治におけるアテナイの帝国化と、国内における民主政の進展とは、密接不可分の関係にあった。前五〇八／七年のクレイステネスの改革以降、ペルシア戦争をへて民主派が力を伸ばしていたが、国制としては貴族政的な要素もまだ濃厚であった。アルコン抽選制の導入（前四八七／六年）によって、貴族政以来のアルコン職の地位は低下し、逆に民会での選挙で選ばれる一〇人の将軍職が国家の指導者として重みを加えるようになっていた。だが、貴族の長老会議であるアレオパゴス評議会は、隠然たる影響力を失わず、民主派にとってそ

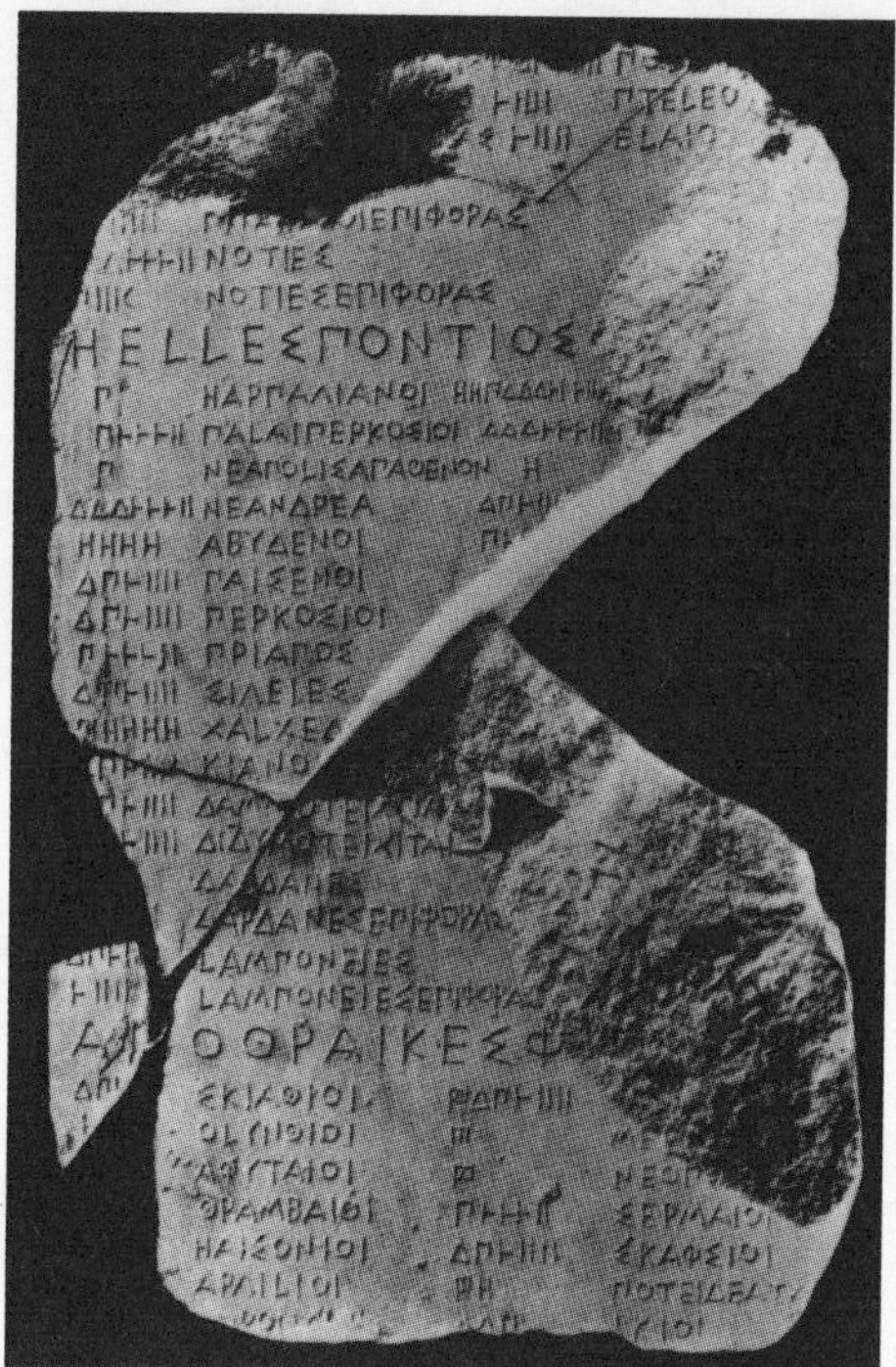

同盟貢租表。アクロポリスにデロス同盟金庫が移された前454/3年以降、アテナイの同盟財務官（ヘレノタミアイ）は、各同盟国から納められた同盟貢租金の60分の1の金額を、アテナ女神に奉納される初穂（アパルケ）として、巨大な碑文に刻んで公開した。写真は前440/39年の同盟貢租表断片で、左に初穂の金額を示す数字、その右に納めた同盟国の名が並んでいる。

の存在は大きな障害であった。

前四六二年、民主派の指導者エフィアルテスとペリクレスはクーデタを起こし、アレオパゴス評議会から政治上の実権一切を剝奪することに成功する。これによってアテナイの統治は、民会、五〇〇人評議会、および民衆裁判所の三機関に委ねられ、民主政の骨格がここに完成する。その後、アテナイ民主政を力強く牽引していった将軍が、ペリクレスであった。彼はデロス同盟の支配強化をつうじてアテナイの国庫をうるおし、それによって民衆裁判所の裁判員手当を導入するなど民主的国制を充実させた。そしてさらに、国庫にたくわえられた数千タラントンもの資金を投下して、パルテノン神殿をはじめ、アクロポリスの上に多くの建造物をつくったのであった。

### 将軍の裁判

ところで、前四六二年のクーデタに先立ち、ペリクレスは貴族派の首領キモンの影響力を、どうしても排除しておく必要があった。

キモンは、フィライオス家と呼ばれる貴族の一門に生まれた政治家で、父は前四九〇年のマラトンの戦いでペルシア軍を打ち破った、名高き将軍ミルティアデスである。政治家としてのキモンの活動は、対外的には親スパルタ政策、国内的には貴族政の維持をめざしていた。彼は前四七〇〜前四六〇年代に八度ほど将軍に選ばれて、対外戦争を何度も勝利に導き、アテナイ支配圏の拡張と植民市建設を推し進めることによって、貴族派の指導者ながら民衆から高い支持を得ていた。彼は私財を貧民大衆に施し、農園を開放して果実を分けあたえたり、食事を提供したりして民衆の心をつかんだ。何より彼が対外戦争で植民地をふやしたことは、入植を望む無産市民らの期待をふくらませた。こうした民衆の支持を背景に、キモンは一時期アテナイ政界をリードし、民主派の勢力拡張を頓挫させることに成功したのである。

前四六五年、彼はエーゲ海北部に浮かぶ大きな島タソスの反乱を鎮圧すべく、遠征に出た。籠城三年目の前四六三年、タソスは降伏し、対岸のトラキア地方にある通商基地と金鉱の所有権は、アテナイに帰属することとなった。キモンはアテナイに凱旋するが、帰国したとたん、まだ若年のペリクレスらによって告発された。本書冒頭でふれたキモン裁判の開始である。告発の理由について、プルタルコスはこう述べる。

そこ〔タソス〕からは容易にマケドニアに侵入し、かつその領土の多くを割譲させることができたと思われたのに、キモンはそれをおこなおうとせず、〔マケドニアの〕アレクサンドロス王に買収されたという罪状で告発され、彼に対して徒党を組んでいた政敵らによって裁判にかけられた。（『キモン伝』一四章三節）

つまり告発理由は敵国からの収賄であり、軍事の最高官職である将軍としての責任を問われたものと思われる。

キモンの裁判については、史料不足のため不明な点があまりに多い。彼は死刑を求刑されたものの判決は無罪だったと伝えられるが、その判決をくだした裁判主体がどこだったのか、また裁判はどのような手続きに従っておこなわれたのか、何よりタソス攻略の責任を果たした彼が、何ゆえマケドニア侵攻をおこなわなかったことについて罪を問われたのか、史料は黙して語らない。

それはともかく、将軍が敵国から賄賂をもらって兵を引くことへの懸念が、すでにペルシア戦争中から頭をもたげていたことは、前章で見たとおりである。キモンの収賄事件にしても、やはり同様の系譜上に位置づけられる。ただしここでは、将軍に賄賂を提供する敵として、ペルシアではなくマケドニア王が想定されていることに注目すべきである。ペルシア内通と関連づけられた賄賂類型から一歩進展し、ペルシア以外の敵から買収されてアテナイの対外拡張政策を損なうような将軍の行為が、告発されるようになったわけである。ただしマケドニア人は、ギリシア語の一方言を話していたらしいが、一般にほぼ異民族と同等のあつかいを受けており、ここでもギリシア世界の外からやってくる賄賂が問題視されていることは見逃せない。

## 買収されたスパルタ王

これとは逆に、アテナイが敵国の将軍を買収したとされる場合もあった。前四四六年、ペリクレスがスパルタ王プレイストアナクスを買収して軍を撤退させたという、やはり本書冒頭で言及した事例である。

このころ、アテナイの支配に対してあちこちで同盟国が離反し、ペリクレスはその鎮圧に苦慮していた。まず前年の前四四七年、隣国ボイオティアが反旗をひるがえし、アテナイはその討伐のため遠征軍を送るが失敗、休戦条約が結ばれ、ボイオティア地方は独立を回復していた。ついで前四四六年、今度はアッティカの北東に位置するエウボイア島が離反、ペリクレスみずから軍勢を指揮して鎮圧に向かうが、これに呼応するがごとく、アテナイ西方の隣国メガラも反乱、そしてついにスパルタ王プレイストアナクスが、ペロポネソス同盟軍を率いてアッティカ領内に侵入を開始したのである。まさに四面楚歌の苦境に立たされたペリクレスは、いそいで軍勢を本国にもどした。

歴史家トゥキュディデスの記述によれば、アッティカに侵入したプレイストアナクスは、アテナイ市街西方の町エレウシス近辺から耕地を破壊しながらアテナイ城市に近づいてきたが、市内から一二キロほど離れたトリアという集落にいたると、なぜかそれ以上深入りすることなく、本国に引き上げてしまったのである。

これを好機と見たペリクレスは、ふたたびエウボイアに遠征、全島を鎮圧することに成功

アテナイの城壁跡。古典期のもので、現在でも一部が残っている。写真はケラメイコス地区のもの。

し、アテナイは危地を脱した。その後まもなく、アテナイはスパルタおよびその同盟諸国と三〇年間の休戦条約を結び、きたるべきペロポネソス戦争の準備に有利な条件で専念できたのである。

スパルタ人はこの結果に憤激し、プレイストアナクスが撤退したのは敵から買収されたせいだと判断して、彼を国外追放にしたという。ただしトゥキュディデスは、贈賄者の名前をあげていない。それがペリクレスだったと述べるのは、前四世紀の歴史家エフォロスである。彼によれば、ペリクレスは将軍として会計報告をする際に、買収に使った公金二〇タラントンを「必要不可欠な目的のために支出した」とのみ報告したという。現代風にいえば、機密費といったところだろうか。このペリクレスの言葉は、前四二三年上演のアリストファネス作の喜劇『雲』にも、つぎのように使われているから、すでに同時代から流行語になっていたのであろう。

フェイディピデス　では履き物はどこにやったんだ。あんたも馬鹿な人だ。
ストレプシアデス　ペリクレスと同様、「必要不可欠な目的のために」なくしてしまったのさ。［八五八〜八五九行］

他方プルタルコスは、おそらく同じエフォロスを主たる史料としながら、さらにつぎのような興味深い話も伝える。

ペリクレスは将軍としての職務の会計報告に、必要不可欠な目的のために一〇タラントンを支出したと書いたが、民会はよけいな詮索もせず、秘密をあばきたてることもしないで了承した。哲学者テオフラストスもその一人だが、ある人々が述べているところによると、毎年一〇タラントンの金がペリクレスからスパルタにわたることになっていて、その金でペリクレスは〔スパルタの〕役職者全員を籠絡（ろうらく）して、戦争を思いとどまるよう懇願していた。それは平和をあがなうためではなく、時間をかせぐためで、その間に彼は思う存

分準備を整えてから、よりよい条件で戦争にのぞもうとしていたのである。（『ペリクレス伝』二三章一節）

ここでは金額が一〇タラントンと伝えられているが、実際これほど巨額な公金が、アテナイからスパルタの有力者に毎年わたっていたのかどうかは、もちろん不明である。そもそも本当に王が買収に応じて撤退したのか、あるいはそれが良策と信じて自発的に撤退したのかも謎である。ペリクレスとスパルタの有力者との間にクセニア関係があったことは先述のとおりであって、そこに贈収賄の下地があったと考えることも無理ではない。

ただ、前章で紹介したパウサニアス将軍のエピソードに見られるように、国内ではことさら質素な生活を強いられ、鎖国を国是として商工業を抑制し、貨幣の使用も極度に制限されていたスパルタの有力者が、国外からもたらされる（あるいは国外に出たときに目にする）富に目がくらんで買収になびきやすかったことは、よく指摘されるところである。

ちなみにこのパウサニアスは、プラタイアの戦いに勝利したのち、権勢におごってペルシア風の贅沢（ぜいたく）な生活におぼれ、ついにはペルシア内通の嫌疑をかけられてスパルタ本国に召還され、殺害された。プレイストアナクス王は、その彼の息子である。父と同様、富への誘惑から国家を裏切ったと疑われたことは、皮肉な結末であった。ただし、事件当時、息子はまだ若く、国外追放後一九年にして帰国、復位を認められている。それはともかく、アテナイのみならずスパルタでも、軍司令官が敵から買収されて撤退することを、許しがたい犯罪と見なしていたことは、この事件から見て取れる。

もう一つ目を引くのは、アテナイ市民がペリクレスの贈賄行為を非難した形跡がないことである。この事件でペリクレスが私腹を肥やしたわけではなく、むしろ国を救うために公金を使ったのであれば、なんら非難にはあたいしないと考えられたのであろう。一般に、収賄がきびしく断罪されたのに対し、贈賄を罰する価値観の登場はかなり遅れる。これについて

スパルタの将軍、もしくは王をかたどったと思われるブロンズ像。ヘルメットの下から垂れる長い髪は、スパルタ戦士に特有のヘアスタイル。

アッティカの田園風景。東部沿岸のブラウロン近辺から海岸方面を望む。

は後述することにしよう。

**撤退と賄賂**

アテナイ市民の立場に立ってみた場合、プレイストアナクス王の撤退をめぐる一連の出来事は、彼らのなかに、敵国の将軍に贈賄すれば功を奏することもありうる、という期待感を育てたものと思われる。だからこそ、彼らは逆に敵国から同じことをしかけられる危険性に、神経をとがらせたのであろう。その後のアテナイでは、このような市民の恐れが、自国の将軍に向けられるようになるのである。

前年にパルテノン神殿の竣工を見た前四三一年夏、十分な戦争準備を終えたペリクレスは、ついにギリシア世界

ブラウロンにあるアルテミス神殿跡。毎年ここで開催されたブラウロニア祭は処女神アルテミスに捧げられる祭儀で、少女たちが集団で踊る「熊の儀礼」（アルクテイア）がその中心である。

の覇権をかけて、スパルタとの開戦に踏み切る。ペロポネソス戦争（前四三一〜前四〇四年）の勃発である。ペリクレスはアテナイの海軍力に絶対の信頼をおき、逆に陸上戦での消耗を避けてアッティカの田園部を放棄し、全市民を市内に避難させるという思い切った戦略にでる。開戦後、しばらく戦局は彼の計画どおりに推移したが、前四三〇年春から市内に発生した疫病が、すべての目算を狂わせてしまった。疫病は、せまい市街地にひしめく市民の、三人に一人を死に追いやるほど猛威をふるい、アテナイの戦力をいちじるしく低下させたのみならず、戦略を立案したペリクレス本人の命をも奪った。

ペリクレス亡きあとアテナイの政界を牛耳ったのは、のちにデマゴーグ（扇動政治家）と呼ばれるようになる新しいタイプの政治家たちであった。彼らのなかで最初に登場したのが、皮なめし業者のクレオンである。それまでの指導者は、ペリクレスがそうであったように、たいていの場合土地貴族の家門を誇る出自をもち、将軍職としての権威を背景に民衆を指導していた。それに対し、クレオンらは商工業で利益を上げる富裕者で、家柄や将軍職ではなく、もっぱら民会での弁舌の才能によって民衆の支持を獲得し、戦争遂行にあたっては強硬論と対外拡張論をとなえた。民会で、派手な身振りと大声で演説をおこなった政治家は、クレオンが最初であったと伝えられる。貴族出身である歴史家トゥキュディデスは、彼らを民衆に媚びた無定見な大衆政治家として、嫌悪を込めて描くが、もとよりそれは保守的な観点を代表するにすぎない。

さて政界がこのクレオンの影響下にあった前四二五年夏、アテナイは、西方はるか海をへだてたシチリア島の内戦に介入する。文化的・民族的に複雑な構成をもち、また肥沃な穀物生産地であったこの豊かな島にアテナイが目をつけたのは、一つにはスパルタ側への穀物供給路を断つためであったが、いま一つには、シチリア島そのものを支配しようとする欲求からであった。アテナイはシチリアに軍隊を送り、各地で勝利を収めたが、翌前四二四年、シチリア諸都市は会談して休戦を宣言し、内戦は一応収まる。アテナイから派遣された三人の将軍、ピュトドロス、ソフォクレス（悲劇詩人とは別人）、エウリュメドンはその休戦を承認し、軍隊を撤収して帰国した。

ところが将軍らが帰国すると、本国のアテナイ人は彼らを告発して裁判にかけ、ピュトドロスとソフォクレスには追放刑を、エウリュメドンには罰金刑を科した。その理由は、彼らがシチリア諸都市を服属させることができたにもかかわらず、金銭で買収されて撤退してきたから、というものであった。

裁判に関してはトゥキュディデスの短い記述があるのみで、告発人が誰なのか、どんな訴訟手続きによるものだったかなど、一切わからない。もちろん買収が事実かどうか、（おそらく訴えた当事者たちにも）確たる証拠はない。しかしながらクレオンの対外強硬論が優位であったこの時期、軍の撤収が容易に将軍たちへの収賄の嫌疑に結びついたことは、注目される。トゥキュディデスが述べるところによれば、当時アテナイ人はさしあたっての戦局好転に有頂天になってしまい、自信過剰に陥った結果、不可能なことも可能であるかのように思い込んでいたという（『戦史』四巻六五章）。

また逆に、敵国から買収されたと疑われるのを恐れて、将軍が撤退を断念するということも起こった。アテナイはその後、前四一五年、空前の規模の遠征軍をふたたびシチリアに送り、征服をくわだてるが、二年後、遠征は大失敗に終わる。その最終局面である前四一三年夏、孤立した遠征軍の司令官ニキアスは、疲弊した多くのアテナイ将兵をかかえ、みずからも腎臓病に苦しんでいたが、撤退すべきか否かが陣中で議論されたとき、つぎのように述べて撤退論を退けた。

アテナイ本国の決定をまたずして撤退すれば、必らずや自分たちの行動が本国で咎めを受けることを、自分はあまりにもよく知っている。……さらにまた今ここにいる将兵の多くは、いやその過半数と断言してはばからないが、今でこそかれらは声をはげまして事態が険悪であると叫んでいるが、一たん故国に到着してみるがよい、逆に、指揮官連は金品で買収されて兵を引いたと叫びたてるに違いない。（『戦史』久保正彰訳、七巻四八章）

こうして撤兵の機会をみすみす逸したアテナイ遠征軍は、そのあとシュラクサイ（シラクサ）との最後の大海戦で惨敗し、全面降伏するというみじめな末路をたどった。その結末はともあれ、ペロポネソス戦争の間に、将軍が敵から収賄して撤退することに対するきびしい態度が、明確に形をとるようになってゆくのである。

### デロス同盟と政治家たち

以上、軍事戦略の手段としての賄賂に対して、ペルシア戦争以降、アテナイ市民がしだいに神経質になってゆく様子を見た。これは、もっぱら戦略の実行者である将軍が収賄者と疑われる賄賂認識であった。だがペリクレスの死後、クレオンのような新しい行動様式の政治家が登場すると、彼らを収賄者と想定するあらたなタイプの賄賂認識が生まれるようになる。すなわち、アテナイの政治家が「アテナイ帝国」の支配権を背景に、デロス同盟諸市民から受け取っているとされる賄賂の類型である。ここでは、収賄者として将軍でなく政治家が、また贈賄者として敵国でなくむしろ同盟国の市民が、それぞれ想定されていることが特徴である。

アリストファネスの喜劇は、こうした新興政治家の代表格クレオンの収賄に対して、しばしば非難や罵声（ばせい）をあびせかける。前四二二年上演の『蜂』の後段では、クレオンを支持し、民衆裁判所に裁判員として通うのを何よりの楽しみにしている老人フィロクレオン（字義は「クレオンびいき」）が、クレオンの大衆政治に批判的な息子ブデリュクレオン（同じく「クレオンぎらい」）に、その考えのあやまちを諭される場面がある。息子は老父に向かい、作者の意見を代弁してつぎのように語る。

そのうえこの連中〔クレオンら大衆政治家〕は、同盟諸国から五〇タラントンもの賄賂を受け取っているのですよ、「貢租金を納めろ。さもないと雷のようにお前たちのポリスを転覆してしまうぞ」と、おどしたり震え上がらせたりしてね。……それで同盟諸国は……彼らにピクルスの瓶詰め、ワイン、カーペット、チーズ、蜂蜜、ゴマ、枕、鉢、毛織のマ

ント、冠、ネックレス、杯、健康と富を、賄賂として贈るのです。〔六六九〜六七七行〕

つまり、同盟諸国は「ポリスを転覆」されるのを恐れて、アテナイには同盟貢租金を支払い、またクレオンら個々のアテナイ政治家には賄賂を贈っているのだ、というのである。誤解してはならないが、ここでアリストファネスが批判しているのは、政治家個人がアテナイの国威をかさに着て私腹を肥やしていることであって、けっしてアテナイの帝国主義的支配そのものではない。その支配の果実を、一般市民の目の届かぬところで、政治家たちが不当に山分けしていることに憤っているのである。

政治家たちが同盟貢租金の徴収を楯に同盟諸市民を脅迫し、それを背景に賄賂をせしめているという非難が、どこまで現実を反映しているかはわからない。しかしここで思い起こされるのは、前四二五／四年、おそらくクレオンの影響力のもとで、アテナイが同盟貢租金の年額を再査定し、その結果、同盟各国への割当額が一挙に二〜三倍にはねあがっているという事実である。

再査定を定めた民会決議碑文（『ギリシア碑文集成』一巻三版七一）によれば、評議会に任命された一〇人の査定官が個々の同盟国の事情を調査して割当額を査定することになっており、査定をめぐる係争についてはアテナイの民衆裁判所で裁定がくだされると定められている。現に結果として、引上げ幅は一律ではなく、同盟国によって多少のばらつきが見られ

民会議場跡の演壇。３段の階段の上にあるテラス状の場所で政治家が演説をおこなった。

る。つまり、アテナイと同盟国との間に、貢租金の額をめぐって、多少の交渉の余地が残されていたわけである。そうであるならば、課せられる負担をなるべく回避したい同盟市民のなかには、アテナイ政界の実力者に贈賄して、貢租金の引上げを食い止めようとくわだてる者がいたとしても不思議ではない。

同様の文脈は、やはりアリストファネスの『騎士』（前四二四年上演）にも見られる。ここではクレオンぎらいのソーセージ屋が、クレオン本人に擬した「パフラゴニア人」と罵倒の応酬をするなかで、つぎのようにいっている。

お前が期待しているのは、デーモス〔アテナイ市民団〕がアルカディアを支配することではなくて、むしろ、まずお前自身が同盟諸国から搾取し賄賂をとることだろう。デーモスが戦争で目をくらまされてお前の悪行に目を向けず、必要と欠乏と日当のために、お前のほうを向いてぽかんと口を開けて見とれている間にな。〔八〇一〜八〇四行〕
お前はデーモスに対して下卑たまねをしているくせに、なんで水しぶきをあげるみたいに大騒ぎをするのだ。おれはお前がミュティレネから四〇ムナ以上の賄賂をとったことを、デメテル女神様に誓ってきっと証明してやるぞ。命に代えてもな。〔八三〇〜八三五行〕

ここでも非難されているのは、市民たちに気づかれずに同盟諸国から富をせしめる大衆政治家たちである。ミュティレネはレスボス島の有力同盟国であったが、前四二八年アテナイに反乱を起こし、翌年鎮圧された。このときクレオンの強硬な主張にひきずられた民会は、ミュティレネの成人男子を全員処刑し、婦女子を奴隷に売るという、きわめて過酷な処罰をいったん決議したものの、翌日たちまち後悔してそれを取り消し、間一髪で処刑が中止されたという、よく知られた経緯がある。

この間、ミュティレネの在アテナイ使節団は、アテナイの有力者に必死でとりなしを働きかけたことが知られている。クレオン本人が賄賂を受け取ったかどうかはともかく、アテナイの政治家にミュティレネ側からとりなしの賄賂がわたったとの疑いが、のちに生まれたと

ディオニュソス劇場跡。アクロポリスの南斜面につくられたこの劇場では、毎年春の大ディオニュシア祭で悲劇や喜劇の競演がおこなわれた。アリストファネスの『雲』などもここで上演された。現在の遺構は前4世紀末に改修されたもの。

しても不合理ではない。ちなみに「パフラゴニア人（パフラゴン）」とは「怒鳴り散らす人（パフラゾン）」にかけた駄洒落であり、怒鳴り声をあげて演説したというクレオンに対するあてこすりである。

　ほかにもアリストファネスの喜劇でクレオンは、「賄賂をとる花の上に座り」とか、あるいは竪琴の「ドーリア音階」（ドーリスティ）にひっかけて、「収賄音階」（ドーロドキスティ）しか習わない、などと揶揄（やゆ）されている。

　前四二二年にクレオンが戦死したあと、次世代の大衆政治家として登場したのが、美青年アルキビアデスであった。彼もまた同盟貢租金をめぐって、同盟市民から収賄したとの嫌疑をかけられている。先に前四二五／四年の貢租金再査定について言及したが、伝アンドキデス第四弁論によれば、アルキビアデスはこのとき一〇人の査定官の一人として同盟諸国を訪れ、再査定をおこなった際に、自分の影響力をちらつかせて各国から多額の賄賂をせしめたというのである。

すなわち、まずエフェソス人たちはアルキビアデスのためにペルシア風の豪壮な居宅を建ててやり、またキオス人は犠牲獣や馬の飼料を用意してやった。また彼はレスボス人に、ワインその他の出費の支払いを申しつけた。にもかかわらず彼は、「全ギリシア人が彼の不法と収賄とを証言しているにもかかわらず」、いままで一度も罰せられたことがない。同盟国に役人がアテナイから派遣される場合、例外なく執務審査で責任を問われるが、彼はすべての同盟国から賄賂をとっているのに、一度も裁判にかけられたこともない、という［第四弁論三〇～三一節］。

アルキビアデスが本当に前四二五／四年の査定官に選ばれたのかについては、まだその時点で役人の法定年齢（三〇歳）に達していなかったという理由から、否定的な見解も強い。またもし査定官だったとしても、実際このような収賄をしたかどうかは、確かめようがない。しかし重要なことは、前四二〇年代、デロス同盟の支配、とくに貢租金取立てをめぐって、アテナイの政治家や役人が同盟諸市民から賄賂をとっていると疑われはじめたことなのである。

## 当番評議員の怠慢

ちょうどこのころ、このような種類の嫌疑が、評議会の役職者に対して露骨に向けられたことを示す碑文史料がある。今日では前四二六／五年説が有力になっている、いわゆるクレイニアスの民会決議である。クレイニアスという人物が提案したこの決議は、同盟貢租金の取立て手続きを、より厳正にするよう命じている。

決議はまず、同盟国が割当額どおりの貢租金をきちんとアテナイに納入するように、納入額を記録板に記載させたうえで封印し、実際の納入額とあとで対照させるなどの細かい手続きを定める。そして、貢租金がアテナイへ運搬される手続きにおいて、もし不正が発覚した場合、その事件はアテナイの民衆裁判所で裁かれるよう指示している。不正の告発は、アテナイもしくは同盟国の市民によって、まずアテナイの当番評議員（プリュタネイス）にもたらされ、評議会はそれを予審に付したあと、民衆裁判所に事件の審理を委ね、そこで最終的な審判がおこなわれる。このような裁判手続きを決議は定めるが、その際つぎのように命じていることが注意を引く。

もしアテナイ市民であれ同盟市民であれ、同盟諸国が納入者たちのために記録板に書き記したうえでアテナイに発送すべき貢租金について、何びとかが不正をおこなった場合、アテナイ市民もしくは同盟市民のうち希望する者は、当番評議員に対して公訴を提起することが可能たるべきこと。そして当番評議員は、誰であれ提起した公訴を評議会に提出すべきこと。もしそれを怠った場合、当番評議員は、各人が収賄の罪により、一万（一〇〇〇？）ドラクマの罰金刑に処せられるべきこと。（『ギリシア碑文集成』一巻三版三四、三一〜三七行）

公訴（グラフェー）とは、一般に国家共同の利益を損なう犯罪行為に対して起こされる訴訟手続きのことを指し、今日の刑事訴訟の概念に近似している。ここで注目されるのは、裁判の開始手続きを怠った当番評議員に、有無をいわさず収賄の罪が着せられ、それに高額の罰金が科されていることである。

評議会は、部族ごとに五〇名ずつ抽選された計五〇〇名の評議員によって構成される。当番評議員とは、その部族ごとの評議員（五〇名）を指し、輪番で評議会や民会の議長団を務めるなど、評議会のなかの常任執行委員会としての機能を果たしていた。評議会や民会に議案を上程するのも彼らの職務である。逆にいえば、彼らがその職務を怠るなら、議案は上程も採決もされず、闇に葬られることになるのである。

ここでの「収賄の罪により」（dōrōn）という単語は、最後の一文字をのぞいてほぼ碑石

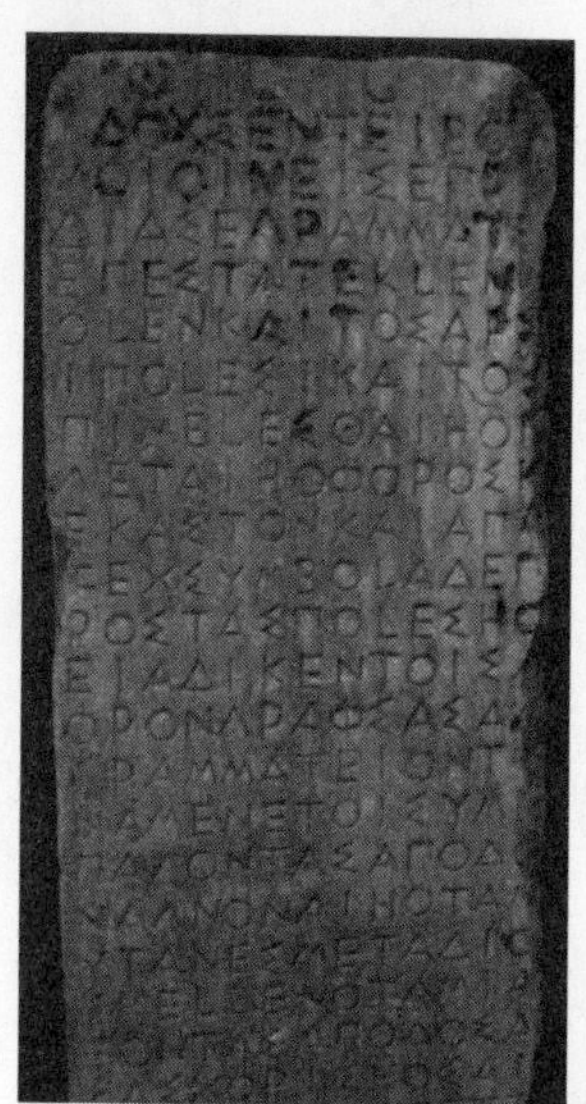

クレイニアスの決議（d断片）とその末尾部分。デロス同盟貢租金の納入手続きをより厳格化する内容で、横領や贈収賄への警戒心を印象づける。今日では前426/5年説が有力。写真（上）は決議の冒頭部分だが、右半分は欠落している。下の写真は、当番評議員の怠慢を収賄の罪として罰すべきことを定めた箇所。上から4行目右端に、ΔΟΡΟ[Ν（収賄の罪により）という文言が読み取れる。アテネ、国立碑文学博物館蔵。

に残っており、碑文学者が補ったものではない。このように民会決議において、公職者がなんらかの手続きを怠った場合に罰金刑を規定する例は、前五世紀の碑文だけでも十数例見られる。しかし、その職務怠慢の理由を、なんの断りもなしに収賄と断定しているものは、他に例を見ない。

どうしてこの場合、当番評議員の怠慢行為を、収賄の罪に直結させたのか。これは、「公職者が同盟諸市民から賄賂を受け取って、貢租金納入に関して不正な手心を加えているのではないか」という市民の警戒心を想定してこそ説明がつくといえよう。しかもこの場合、その警戒心がきわめて断定的で、偏狭とさえいえる思い込みに基づいていること、またそれが、民会決議という国家の公式な態度表明にあらわれていること、そして同盟市民という身近な外国人が贈賄者として疑われていることが特徴的である。

**身近な他者**

同様に、身近にいる外国人からの賄賂に対するアテナイ市民の猜疑心を端的に示す事件が、ペロポネソス戦争末期の前四〇九年春に起こった。

空前の規模で派遣されたシチリア遠征軍が前四一三年に壊滅したのち、アテナイの敗色はしだいに濃厚になり、国内政治は混乱の度を増した。そして前四一一年夏、戦争終結を望む寡頭(かとう)派（旧貴族派）がクーデタを起こして民主政を転覆し、四〇〇人の市民によって独占的

アゴラ、円形堂（トロス）。上は復原模型、下は遺構。当番評議員（プリュタネイス）は、部族ごとに抽選された50名の評議員。輪番で民会や評議会の議長団を務め、議題を準備した。彼らは交代でこの円形堂に常駐し、寝泊まりもした。国家の非常事態は、まずここに通報されたものと思われる。

に運営される寡頭政が樹立される。これを四〇〇人政権という。
だがこの極端な寡頭政治は、結局わずか数ヵ月しか続かなかった。寡頭政権の首領の一人であるフリュニコスが、同年の秋、アゴラの中央で何者かによって暗殺され、それをきっかけに、四〇〇人政権は同年中にもろくも崩壊、翌前四一〇年夏には民主政が復活したのである。

さてフリュニコス暗殺から一年半がたった、前四〇九年春のこと。寡頭政崩壊のきっかけをつくった暗殺者とその協力者たちに対して、アテナイ民主政はその功績をたたえ、顕彰と特典をあたえる民会決議をくだした。誰が実際の暗殺実行者であったかについては、当時からすでに人々の意見がまちまちであったらしい。ともかく、今日碑文に残されているこの民会決議の文面が明らかにするのは、カリュドンのトラシュブロスとメガラのアポロドロスという二人の外国人が、フリュニコス暗殺の手柄を認められ、ともにアテナイ市民権を授与されたこと、ほか数名の外国人が暗殺協力者として、財産所有権や居住権など若干の特典をあたえられたことである。

通常ギリシアの都市国家では、ローマとことなり、ギリシア人か異民族かを問わず、外国人に市民権を授与することはきわめて例外的であり、これは市民団の閉鎖性を示すものと説明されることがある。アテナイの場合でも、よほどの功績を国家のためにあげないかぎり、この特典は認められず、しかもそのつど民会決議による同意が必要であった。この二人がはたしてどの程度、実際にフリュニコス暗殺に関与したかは不明であるが、ともかく彼らはその功績を主張し、それを認められて、幸運にもアテナイ市民権を授与されたのである。同決議は、まずトラシュブロスへの市民権授与と、ほか数名の協力者への特典授与を命ずる。ところが、それにつづく末尾には、奇妙な追加動議がつけ加えられているのである。それが、つぎに引用するエウディコスなる人物による動議である。

エウディコスが動議した。他の事項については、ディオクレス案（決議本体のこと）に従うべし。他方、アポロドロスのために他日採決された民会決議を得る目的で、賄賂を受け取った者たちについて、評議会は次回の会議で評議会議場にて評議をおこなうべし。そして収賄者に対しては有罪の決議をくだし、民衆法廷に送致したあと、何であれ評議会が適当と判断した方法に従って量刑をおこなうべし。また「アポロドロス市民権授与決議のときに」在任していた評議員は、何であれ知っていることを報告せよ。また誰か、彼らについてさらに別のことを知っている場合にも通報せよ。もし望むならば、一般市民であってもそれが許されるべきこと。（『ギリシア碑文集成』一巻三版一〇二、三八～四七行）

まず順序立てていうならば、ここで「アポロドロスのために他日採決された民会決議」という表現があることから、この決議以前に、すでに別の民会決議がアポロドロスへの市民権授与を決めていたことがわかる。しかるのちに、この二度目の決議において、もう一人の外国人トラシュブロスにも、同様の市民権授与が認められたわけである。

問題は、この追加動議の内容である。それは、先に通過したアポロドロスへの市民権授与決議成立について、贈賄工作の疑惑があることを明らかにし、その疑惑事件について評議会が全権をもって捜査にあたり、犯人の告発・裁判を主導するよう命じている。より具体的にいえば、アポロドロスやその支持者たちが、民会決議案を作成する一部の評議員に賄賂を贈り、彼に市民権を授与するよう働きかけたのではないかという、スキャンダラスな疑惑がここに浮上したのである。ただ、ここでは評議員がその職権を利用して収賄したことが罪に問われているらしく、告発されるべき対象も贈賄側ではなく、あくまで収賄側の評議員であることに注意せねばならない。

寡頭派の首領を暗殺した功を認められて、めでたく市民権を得たはずのアポロドロスに、このような贈賄の嫌疑がかけられたのはなぜであろうか。どうやらその背景としては、これら二人の外国人の間で、暗殺の手柄をめぐり、見苦しい功名争いがあったらしい。M・J・オズボーンの推測によれば、おそらく前四一〇年の民主政復活ののち、われこそ暗殺の功労者であると複数の人物が名乗りでた。まずアポロドロスが功績を主張して、第一の民会決議で市民権を認められた。ところがあとからトラシュブロスほか数名がこれに異を唱え、アポロドロスが賄賂で市民権を買ったとして非難中傷した。結局彼らとその支持者たちは、ここにその一部を引用した第二の民会決議によって、トラシュブロスにも同等の市民権を授与させることに成功した。それと同時に彼らは、この追加動議によって、アポロドロスへの市民権授与の取消しをくわだてた、という推理である。

　これによってどこまで事件が捜査されたか、あるいは実際に収賄者の告発にまでいたったかどうかは、わからない。だが結果として、アポロドロスの市民権は取り消されることなく、前四〇四年まで彼が市民として土地を所有していたことが、他の史料から確認されているから、彼への疑惑は捜査によって晴らされたのであろう。

　その結果はともかく、ここで明らかになるのは、市民権授与に際して外国人からアテナイ人の政治家に賄賂がわたり、その結果評議会ないしは民会において不正な提案・決議がおこなわれることへの、極度の警戒心である。

　追加動議をおこなったエウディコスが民会の演壇に立ち、市民権授与決議の裏に贈賄工作の疑いありと暴露したとき、市民たちはどれほど驚愕したことであろう。おそらく民会議場は、騒然とした空気に包まれたにちがいない。追加動議が指示している裁判手続きは、次章で述べる弾劾裁判（エイサンゲリア）の一変形で、これは国事犯クラスの重大犯罪に適用される手続きであった。このときの民会の狼狽ぶりが目に見えるようである。

　この事件をめぐる背景にあるのは、外国人が市民団の有力者に贈賄して市民権授与を不正に働きかけているのではないか、またその働きかけに応じて私腹を肥やす政治家がいるのではないかという、アテナイ市民団側の猜疑心である。身近な他者である在留外国人がアテナイ市民団の純粋性を、贈与の力によっておびやかすことへの警戒心であるといえよう。

## 裁判員の買収

これまで見てきたさまざまな賄賂認識の類型はすべて、贈賄者ではなく収賄者が、非難や告発の対象となっているものである。だが唯一例外的に、民衆裁判所の裁判員や訴訟当事者を買収する行為についてだけは、贈賄側に対する処罰感情が発生し、それが一連の法制度に結びついたらしい。その法制史的側面に関しては次章でくわしく述べることにするが、裁判員の買収が問題にされるようになった背景には、つぎのような事件があったと伝えられる。

アポロドロスの贈賄疑惑と同じ前四〇九年のこと。アテナイは、スパルタ領内メッセニアにおいて占領していた要塞ピュロスを、スパルタ軍に攻撃される。アテナイはアニュトスなる人物を司令官として、これを救援すべく三〇隻の艦隊を派遣するが、彼は悪天候のためペロポネソス半島を回航できず、結局ピュロスはスパルタに奪還されてしまった。アニュトスは帰国後、作戦行動の失敗を罪に問われ裁判にかけられるが、判決は無罪となった。ところが、伝アリストテレス『アテナイ人の国制』によれば、アニュトスはこの裁判で本来なら有罪をまぬがれなかったところ、民衆裁判所の裁判員を買収して無罪の判決を勝ち取った、というのである［二七章五節］。

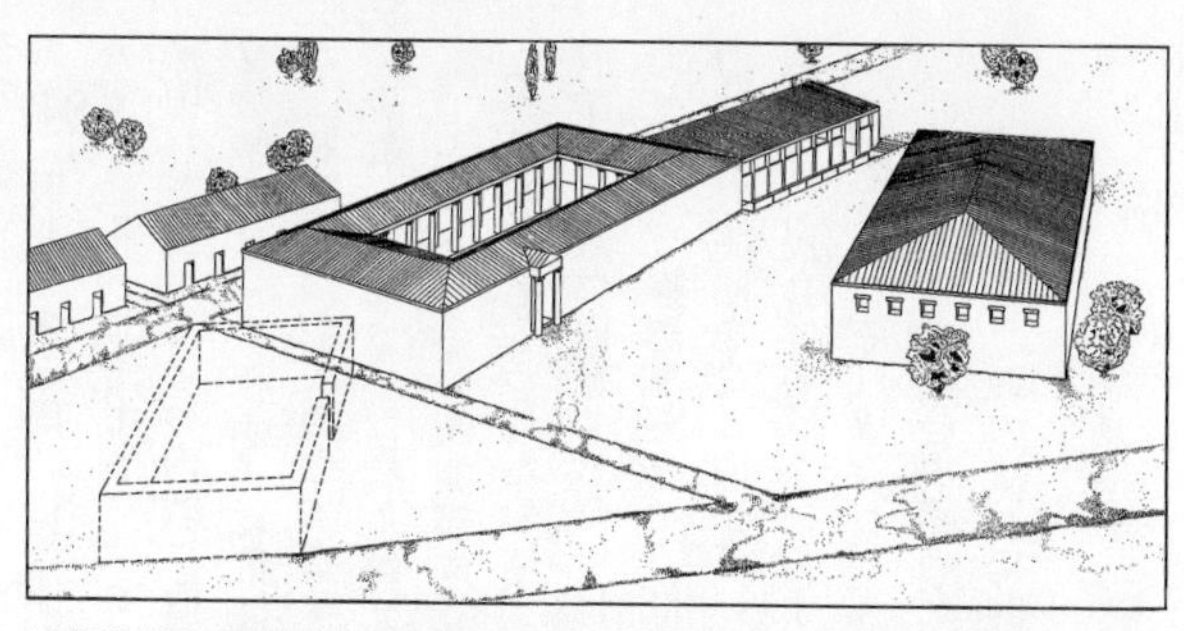

民衆裁判所復原図。前325年ごろ。裁判当日はこれらの建物を柵で囲み、10の入り口を設けたと推定される。

アニュトスは革なめし業を営む富裕者で、新興政治家としてこのころから頭角をあらわし、前五世紀末から前四世紀初頭にかけて民主派の指導者の一人として活動した。前三九九年にソクラテスを不敬神の罪で告発し、死刑にした人物の一人としても知られている。

彼の無罪判決が本当に買収によるものであったかどうかは、ここでも不明というしかない。判決があまりに意外なものであったため、そのような風聞が立ったにすぎないとして、買収の史実性を否定する学者もいる。ただ、アニュトス裁判との因果関係は別として、この事件前後から、民衆法廷の抽選手続きをより厳格にし、事前買収をほぼ不可能にする制度改革が進行していったこと、また同時に、法廷を買収しようとする者をきびしく処罰する法律が制定されたことは、おそらく確かであろう。

やがて前四〇四年、アテナイ民主政はペロポネソス戦争に敗北すると同時に、ふたたび寡頭派によって転覆され、三〇人政権というさらに極端な寡頭政権が成立した。この寡頭政権は数ヵ月にわたって恐怖政治をしいたのち、海外から帰国した民主派との内戦に敗れて崩壊し、翌前四〇三年に再度民主政が復活する。ペロポネソス戦争は、アテナイに敗北と政治的混乱をもたらしたが、同時にこれまで見てきたような、賄賂についてのさまざまな認識の展開を生み出したのである。

前章と本章では、ペルシア戦争以後前五世紀末までに、どのようなタイプの賄賂について、犯罪としての認識が成立していったかという問題を、社会規範の変化として考えてみた。最初にあらわれたのは、(1)ペルシア戦争中にギリシア連合軍の一員が、ペルシア王から収賄して敵に内通するのではないか、という認識であった。ついで、(2)将軍が敵国から収賄して不当に撤退するという認識、(3)政治家がデロス同盟貢租金の取立てや査定をめぐって同盟国から賄賂を受け取っているという認識、(4)市民権を不正に取得するために外国人が評議会ないし民会に賄賂をばらまいているという認識、そして(5)アニュトスのような法廷買収の認識が、それぞれ成立し、人々はそれらのパターンの賄賂に警戒心をいだくようになる。

おそらくこの社会規範の変容が、一連の法制度という形に結晶化していったのだと思われる。次章では、この法制史的側面を考察してみよう。

# 5　罪と法

## さまざまな手続きと法

アテナイの司法制度には、近代でいう罪刑法定主義がなかった。つまり、ある犯罪がどのような刑によって罰せられるかは、成文法によってかならずしも明確に定められなかったのである。同一の犯罪を犯しても、それを告発するための訴訟手続きがことなれば、受ける刑罰も死刑から罰金刑まで、じつにまちまちであった。しばしば一つの犯罪行為について、複数の訴訟手続きが存在しており、そのどれを選ぶかは告発人の自由であった。

犯罪を告発した市民は、みずからの足で事件の捜査にあたり、証拠や証人を集め、法廷では告発弁論を述べて被告を追及しなくてはならない。それには多大な労力や時間、弁舌の才能や金銭的負担が求められた。相手に重い刑罰を科そうと思えば、それにふさわしい訴訟手続きを選ぶことができる。だが、そのためには相応の財力や社会的影響力が必要であった。したがって告発人は、自分の能力と相談のうえで、適当と思われる訴訟手続きを選んだわけである。要するに、警察も検察官も職業弁護士もいなかったアテナイの司法は、アマチュアリズムに全面的に依拠していたのであった。

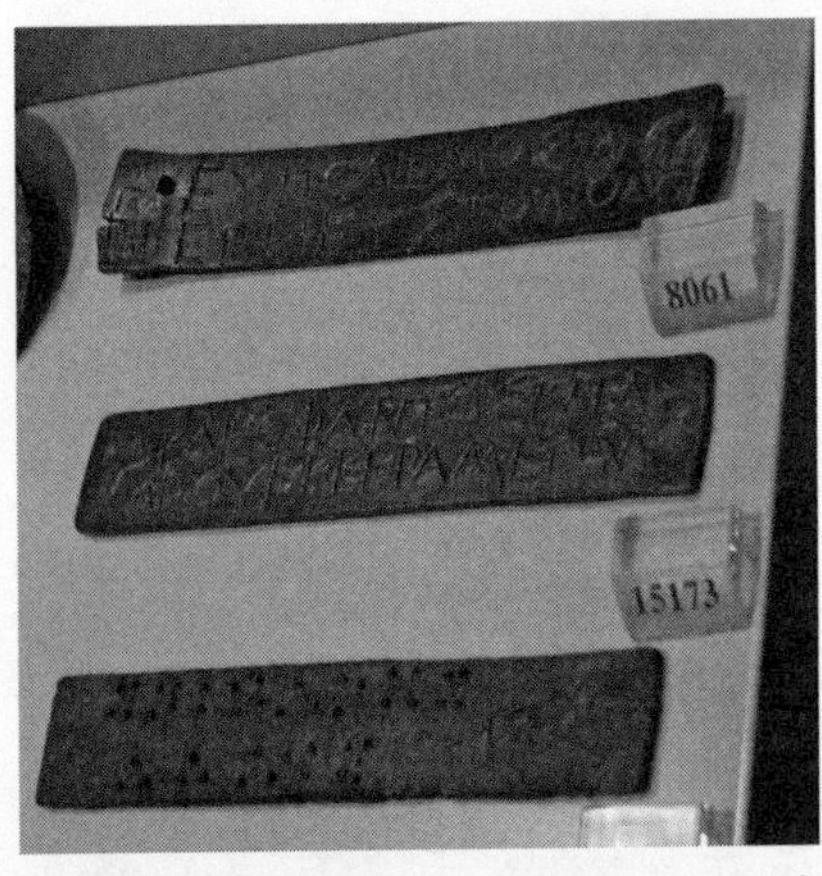


裁判員の名札。青銅製で、身分証であると同時に、抽選用の札としても用いられた。名前、区名などが刻まれている。名札に刻まれた裁判員の名前を手がかりに、彼らの出身階層などを調べることができる。裁判員の過半数を占めたのは下層市民たちであった。アテネ、アゴラ博物館蔵。

では、贈収賄罪についてはどのような訴訟手続きが存在し、それぞれにどのような刑罰が用意されていたか。贈収賄に関する法制史的研究としては、イギリスの古典学者D・M・マクダウェルの研究（一九八三年）がある。あとで述べるように、マクダウェル説にはいくつか問題もある。だが、さしあたってはこれにならい、前四世紀後半の贈収賄罪に対する訴訟手続きと法を列挙すれば、つぎのようになる。

(1)まず役人の収賄罪に対しては、「執務審査」（エウテュナイ）という訴訟手続きがあり、これによって有罪になった場合の刑罰は、収賄額の一〇倍の罰金であった。つぎに、(2)評議会や民会における動議提案者の収賄罪に対して、「贈収賄に対する公訴」（グラフェー・ドーローン）があり、刑はやはり一〇倍の罰金。(3)将軍や動議提案者による国事犯級の収賄罪に対して、「弾劾裁判（だんがい）」（エイサンゲリア）があり、刑は死刑。同じく(4)国事犯級の収賄罪に対する「アレオパゴス評議会による捜査報告」（アポファシス）があり、刑はやはり死刑。

これらの手続きのほかに、贈収賄罪関連の法律として、(5)民衆裁判所関連の買収罪に対する「法廷買収罪関連法」、および、(6)全般的にすべての贈収賄行為を犯罪として処罰する「一般贈収賄関連法」、の二つの法があった。

法廷で投票に用いられた青銅製の投票具。軸が中空のものは有罪、つまったものは無罪をあらわす。裁判員は一つずつ両手に持ち、軸を指で隠して、有効票の壺と無効票の壺に双方同時に入れる。誰がどちらに投票したか外見では判断できぬようにするためである。アテネ、アゴラ博物館蔵。

マクダウェルによるこの列挙には、たとえばこれ以外の訴訟手続きが見落とされていたり、あるいは(1)から(4)までの訴訟手続きと、(5)(6)の法との関連性が不明であったりなど、いくつか細かな不備を指摘できるが、ここでは問題にしない。本章ではこれらの法制度が、どのような歴史的経緯によって成立したのかを問うことにする。ここでは未解明の問題が多い(1)執務審査、(3)弾劾裁判、(5)法廷買収罪関連法、および、(6)一般贈収賄関連法について、それぞれの概要と成立史を整理して述べ、あわせて前章までの話と照らし合わせながら、それらが成立した時代背景を考えてみることにしよう。

**執務審査**

役人の収賄罪に対して、おそらくもっとも一般的に用いられたと思われるのが、執務審査である。おそくとも前四世紀にはいると、アテナイの全役人は任期満了に際して、任期中の公務内容について厳密な執務審査を受けるよう義務づけられた。当然収賄行為の有無も、ここでの重要な審査対象だったのである。

審査は二つの段階からなる。伝アリストテレス『アテナイ人の国制』四八章四〜五節、五四章二節によれば、その第一段階は会計検査であり、役人は在任中に支出した公金の使途について、くわしい会計報告書を、会計検査官（ロギスタイ）という一〇人の役人に提出せねばならない。会計検査官は会計報告書をよく調べて、金銭上の不正がなかったかどうか判定する。ここで摘発される犯罪行為は、公金横領、収賄、および欠損などの過失の三種類の罪である。これらの犯罪行為がなかったかどうか調べたうえで、会計検査官は役人全員を民衆裁判所に送り、不正行為があった場合その役人を法廷で訴追した。さらにその法廷では、一般市民からの告発をも受けつけた。収賄罪で有罪になると、収賄した額の一〇倍の罰金が科され、支払い能力がなければ市民としての権利を停止される。

アゴラ、評議会議場前にある部族名祖像の跡。アテナイ10部族のシンボルである英雄像が、10の基壇の上に立っていた。像の前には掲示板が掲げられ、各部族の市民たちはこれによって民会開催の日時などを知った。執務審査官が着座したのもこの場所である。

法廷用水時計の復原模型。素焼きの容器で、一定量の水をいれて底部の管から流し出し、その流量で時間の経過を計測する。法廷では原告被告双方の弁論に同じ長さの時間があたえられた。水時計はその弁論の長さを測るためのもの。アテネ、アゴラ博物館蔵。

第二段階は、金銭関係以外の不正行為の摘発をおこなうもので、執務審査官（エウテュノイ）という、やはり一〇人の役人が担当する。彼らはアゴラの評議会議場前に座り、一般市民からの告発を受けつける。ここでの告発もやはり民衆裁判所にまわされ、そこで訴追と審理がおこなわれた。

ただし、ここに説明した手続きの様子は、アリストテレスと同時代の前四世紀末における姿である。問題は、執務審査がいつ成立し、そこで収賄罪がいつからあつかわれるようになったかである。

その有力な手がかりはおそらく、ここに登場する二種類の役人、すなわち会計検査官と執務審査官の起源にあるだろうと思われる。このうち執務審査官のほうは、前五世紀の末になるまではっきりした形では史料に登場しない。一方、会計検査官と呼ばれる役人は、前四五〇年代から会計報告碑文にしばしば姿をあらわす。注目すべきは、彼らがはじめデロス同盟関係の会計業務にたずさわっており、しかも人数は一〇人ではなく、三〇人であったことである。おそらく彼らは、前四五四／三年、デロス同盟の金庫がデロス島からアテナイに移されたのを契機につくられたものであろう。

会計検査官の仕事は、本来同盟貢租金に関する会計業務全般であったらしいが、前四三〇年代からしだいに役人の会計検査一般をおこなう役職としての性格を強めてゆく。そしておそくとも前四二〇年代には、一般市民の間に彼らの会計検査官としてのイメージが定着するようになる。同時にこのころから、民衆裁判所での執務審査の審判の様子が、ごく日常的に知られるようになる。前四二二年上演のアリストファネス作『蜂』では、裁判員フィロクレオンが執務審査の審判の様子を得意げに語ってみせる。

> そして彼ら〔被告である役人〕はすぐに柔らかい手を私に差し出す。公金から横領した手だ。そして身をかがめて哀れを誘う声をだして嘆願する。「父よ、憐れんでください、お頼み申します。もしご自身もかつて役を務めたときや、戦争の際に糧秣の買いつけをしたときなど、公金をくすねたことがおありでしたら」とね。〔五五三〜五五七行〕
>
> そして父親〔被告〕は子どもたちのために、あたかも神に願うかのように、執務審査を無事とおしてくれと、私に震えながら嘆願するのだ。〔五七〇〜五七一行〕

公金横領、収賄、欠損などの過失が三点セットとして認識されるようになったのは、おそらく前四三〇年代までのことだろう。伝アリストテレス『アテナイ人の国制』が伝えるような執務審査の形態が整うのは、二度の寡頭派革命を克服して民主政が再建された前四〇三／二年直後のことであったと私は考えている。同時に、ペロポネソス戦争の敗北によってデロス同盟が消滅するとともに、同盟貢租金関係の会計業務にたずさわる必要もなくなったため、会計検査官の人数が三〇人から一〇人に減らされたものと思われる。

前五世紀の後半に執務審査の制度が整っていった背景としては、第一にデロス同盟金庫のアテナイ移管にともない莫大な資金が国庫に流入し、その公金の流れを厳格に管理する必要が生じたことが考えられるであろう。第二に、ペロポネソス戦争開戦後、とくにその後半、多額の戦費による財政の逼迫（ひっぱく）から、公金管理に高い関心が払われるようになると、役人の汚職一般にも以前よりきびしい目が注がれるようになったと推測される。先ほど引用したアリストファネスの喜劇中に、「戦争の際に糧秣の買いつけをしたときなど、公金をくすねたことがおありでしたら」という台詞があることも、このことを示唆する。戦時財政が風雲急を告げているときに、役人がその職権を利用して私腹を肥やすことは、公金横領であれ収賄であれ、市民たちの批判をまぬがれなかったのだろう。

**弾劾裁判**

他方、政治家や将軍など、国家の指導者を告発するためにしばしば用いられた訴訟手続きが、弾劾裁判である。これは、民主政転覆の陰謀など、国家の安全をおびやかすような国事犯級の犯罪に適用され、評議会、民会、民衆裁判所の主要三機関がその手続きにかかわることを特徴とする。通常、民会によって弾劾裁判開始の決議がくだされたのちに、民衆裁判所ないしは民会みずからが審判を担当する。罪の性質上、役人の収賄一般とはことなり、この手続きによって有罪になると、多くの場合被告には死刑の判決がくだる。

弾劾裁判では、著名な政治家が裁かれることが多く、その事例が史料にあらわれる頻度も高いのであるが、それがいつ創設され、具体的にどのような罪に適用されたのかなど、不明な点も多い。その創設をソロンの改革に帰する研究者もいるが、おそらく弾劾裁判の起源はそこまでさかのぼらず、クレイステネスの改革時に民主政防衛の手段として導入されたのではないかと思われる。

弾劾裁判の事例を被告の地位によって分類すると、将軍がもっとも多い。これは将軍が、敵国に軍隊や軍船を引きわたすといった明らかな反逆行為の場合はもとより、所期の作戦目的を遂げられずに敵地から引き上げたり、あるいはたんに敗れて帰ってきたというだけでも、売国的行為と見なされて、弾劾裁判にかけられる場合が多かったことによる。そして、しばしばそうした敗北的行為は、敵国からの収賄と結びつけられた。前章では、敵地から引き上げてきた将軍が、敵国からの収賄の嫌疑を受けて告発される事例をいくつか見たが、弾劾裁判がこの種の事例に用いられたであろうことは想像にかたくない。

ところが前五世紀も末葉に近づくと、弾劾裁判はこれと別種の収賄行為にまで、その適用範囲を広げるようになる。弾劾裁判が適用される犯罪行為を定めた成文法として、「弾劾法」と呼ばれる法律があった。その成立は、一説に前四一〇年ころと考えられている。同法の第三条は、つぎのように定める。

もし何びとかが、提案者でありながら、金品を受け取ってアテナイ民主政の利害に反する提案をおこなった場合〔弾劾裁判が適用されるべきこと〕。（ヒュペレイデス第四弁論八節）

ここでの「提案者」（レートール）とは、評議会や民会で動議を提出する人物を指し、将軍職のような軍事の専門家を意味する語ではない。つまりこの条文は、評議会や民会での「金で買われた発言」を国事犯級の犯罪と断定し、弾劾裁判の適用を命じているのである。

このことは、前章で見たように、前四二〇年代以降、民会での演説能力を武器にしたクレオンのような新興政治家が台頭するにつれ、彼らがデロス同盟諸国から賄賂をとっているという認識が市民の間に広がっていったことと、けっして無関係ではないだろう。おそらくその後のシチリア遠征の失敗、四〇〇人政権による民主政の転覆といった深刻な事態への反省から、評議会や民会での政治指導者の無責任な行為を、法制的にもきびしく罰しようという気運が高まり、このような立法に結実したと推測されるのである。

おそらくこの気運は、前述した前四〇九年の市民権授与をめぐる贈収賄疑惑とも、深い関係があっただろう。あの事件においても、アポロドロス側からの収賄を疑われて捜査の対象となったのは、市民権授与決議を立案した評議員たちであった。彼らはまさしく「金で買われた発言」を疑われたわけであり、民会決議によって弾劾裁判の一変形である裁判手続きがここで指示されたことは、弾劾法の成立とその疑惑事件との間のなんらかの因果関係を推測させる。ただし、この事件が起こった結果として弾劾法が制定されたのか、それともあらたに制定された弾劾法がこの事件に適用されたのかはわからない。

**法廷買収罪関連法**

その一方で、やはり前五世紀末葉に成立したと思われるのは、つぎに引用する法廷買収罪関連法である。

もし何びとであれ、贈収賄を目的として金品を贈りもしくは受け取ることにより、共同謀議をなし、またはアテナイにおける民衆裁判所その他の法廷もしくは評議会を買収した場合、または民主政転覆を目的として徒党を組んだ場合、または公私の訴訟において共同訴訟人の地位にありながら金品を受け取った場合、以上の行為についてはテスモテタイへの公訴あるべきこと。（デモステネス第四六弁論二六節）

この法文は、一見難解である。民主政転覆うんぬんの文言は、贈収賄とあまり関係がなく、本来法文にはなかった字句が、後世テクストにまぎれこんだことを疑わせる。ただ法の主眼としては、民衆裁判所などの法廷の裁判員を買収する行為を、犯罪として特定し、テスモテタイに公訴が提起されるべきことを命じている。テスモテタイとは九人のアルコンのうち六人の司法担当官であり、いくつかの種類の訴訟を受けつけて、予審に付したのち民衆裁判所に送り、そこでの法廷を主宰する役目を負う。

なお、「共同訴訟人」(シュネゴロイ)とは国家によって任命された国選訴追人、あるいは訴訟当事者の親族友人などが務める私的な弁護人のいずれをも指す。どちらにせよ、彼らが金銭的報酬をめあてに訴追や弁護をしてはならないと同法は定めてもいる。

この法によって、法廷買収罪を告発する公訴手続きが定められたが、この公訴手続きで有罪となった場合の刑罰は、他のいくつかの史料から、死刑であったことがわかっている。アテナイでは収賄の罪が古くから処罰されてきたのに対して、贈賄側がこのような厳罰に処せられるのは、この法廷買収罪だけである。一般に贈賄行為に寛容であったアテナイ市民が、この種の贈賄にだけは、例外的にきびしい態度をとったことがわかる。

さて、この法廷買収罪関連法制定のきっかけになった事件は、マクダウェルによれば、前章で述べた前四〇九年のアニュトス裁判であるという。つまり彼は、アニュトスが裁判員の買収に成功して無罪となったので、このような事態を防止するために、同法が事件直後に制定されたのではないかと考えているのである。

しかしながら、アニュトスが法廷を買収したとされる前四〇九年の時点で、民衆裁判所がどのように組織されていたかは、じつはよくわからない。だからアニュトスが具体的にどのような方法で法廷を買収したのかもよくわからず、まして彼の無罪が同法の制定に直結したと断言できるほどの史料的根拠はない。

とはいえ、たとえばアリストファネスの喜劇を見ると、前四二〇年代にはすでに訴訟が市民たちの日常的な紛争解決手段となっていたことがうかがわれる。このように民衆裁判所での紛争解決がふつうになってくると、賄賂が訴訟の場に持ち込まれる可能性も増大していったことは、容易に想像できる。正確な成立年代は決めがたいものの、おそらく法廷買収罪関連法は、前五世紀末のこうした事態を背景に制定されたと考えられる。

**一般贈収賄関連法**

これら一連の法制度のなかで、成立の時期と経緯についてもっとも謎が深いのが、一般贈収賄関連法と呼ばれる法である。この法は、およそあらゆる種類の賄賂行為を、贈賄も収賄も、ともに処罰すべし、と定める厳格さが最大の特徴である。そのテクストは、前三四七／六年に書かれたとされるデモステネスの第二一弁論『メイディアス弾劾』の一節に、つぎのように引用されている。

もしアテナイ市民にして何びとかが、市民団に対しまたは個人的に市民のいずれかに対し、これを害する目的をもって、いかなる方法・手段によってであれ、何びとからか賄賂を受け取り、またみずから他の何びとかに贈賄し、またはその約束をもって何びとかを買収した場合、その実行者、その子孫および財産はアティモス（atimos）たるべきこと。［一一三節］

マクダウエル（一九八三年）はこの法を、贈収賄に対する一連の法制度のなかで最古の立法と位置づけ、成立をおそらく前六世紀と推測し、その後の諸制度発展の出発点になったと考えた。なぜなら、「実行者、その子孫および財産はアティモスたるべきこと」という条文中のアティモスという語は、ドラコンの法（前六二一年ころ）にさかのぼる古い語法だからである、と彼は主張するのである。

一般に、アティモスという語には新旧二通りの意味があり、「アテナイ市民権にともなう公的諸権利の喪失ないし停止」という新しい意味と、英語で outlawry と訳される「法の保護停止」という古い意味がある。新しい意味でのそれは、たとえば民会への出席権や役人に選ばれる権利、アゴラに出入りできる権利などを喪失ないし停止されることであって、現代風にいえば一種の公民権停止である。

それに対し、アティモスの古い意味である「法の保護停止」とは、第三章で述べたように、殺害されても傷つけられても、あるいは財産を奪われたり損なわれたりしても、本人ないし家族は裁判に訴えることができず、それを実行した者も罪に問われない、という恐るべき破滅状態である。当然刑罰としては、こちらのほうが過酷である。古い用法がいつ新しい用法に変わったかは、諸説に差はあるものの、おおむね前五世紀なかばころと考えられている。

さてこの法文では、罪を犯した本人と親族の人格のみならず、その財産もアティモスたるべし、と書かれている。財産が公民権停止処分になるというのは、意味がとおらない。したがって、ここでのアティモスとは、「法の保護停止」という古い意味に解釈できる、というのがマクダウェルの主張である。

マクダウェルによれば、前六世紀にこの法が制定されたあと、前五世紀にはいってからアティモスの意味が公民権停止という新しいものに変化した結果、刑の実質が以前より軽くなってしまった。そこで、その落差を埋め合わせるため、その他の法や訴訟手続き（弾劾裁判や執務審査など）があとから成立するようになった、というのである。つまり、マクダウェル説の背後には、アテナイ人が最初から賄賂を悪と見なしており、それに対する法的制裁の総量は、アルカイック期から一貫して不変のものだ、という暗黙の前提があることになる。

## 法の成立年代を推定する

しかしながら、結論からいうと、私はこのマクダウェル説に賛同しがたい。

たしかに、ここでのアティモスという語が、「法の保護停止」という古い意味にしか解釈できないことは認めざるをえない。ゆえに、「もし〜した場合、〜たるべし」という一種の仮定文であるこの法のうち、その帰結節にあたる後半部分、すなわち「その実行者、その子孫および財産はアティモスたるべきこと」という処罰規定は、前五世紀なかば以前にさかのぼると推測してよい。

問題は、「もし何びとかが〜した場合」という条件節にあたる前半部分、つまりどのような行為が犯罪として罰せられるかを定めた部分である。いくつかの特徴から、私にはこの前半部分が、前五世紀なかば以降の、比較的新しい時代に成立したとしか思えない。

第一に、ここでは、(a)収賄、(b)贈賄、(c)贈賄の約束、という三種類の犯罪行為と、そのおのおのについて、(x)アテナイ市民団全体の公的利益を損なうもの、および、(y)ある市民の私的な利益を損なうもの、の二種類が区別され、合計3×2＝6種類の犯罪行為が識別されていることに注意したい。ここには論理的にもれがなく、かつ高い普遍妥当性を保つように配慮する、たいへん洗練された立法のセンスが感じられる。おそらくこれは、比較的新しい時代の法文の特徴であろう。

第二に着目したいのは、ここでは収賄だけではなく、贈賄行為も犯罪であると定められていること。前述のように、賄賂を受け取ることに対する非難・糾弾（きゅうだん）が早くから見られるのに対して、賄賂を贈る行為を批判する言説があらわれるのは比較的新しく、前四〇九年のアニュトス無罪判決に関する伝承が最古のものである。これは民衆裁判所の制度が確立してようやくあらわれる現象であって、はたして前六世紀という古い段階で、贈賄行為にまで収賄と同等の犯罪性を認めるこのような法規が存在したか、疑問である。

最後に、この法の前半が新しいものではないかと考える最大の根拠は、ここに「買収する」と訳した動詞ディアフテイレイン（diaphtheirein）という語の用法である。ハーヴィーの実証研究によれば、この動詞は、「破壊する」あるいは「（人を倫理的な意味で）腐敗堕落させる」という意味が本義であった。この法の例のように、「賄賂によって人を買収する」という意味で用いられるようになるのは比較的新しく、ヘロドトス（前五世紀なかば）が最初の用例であって、クセノフォン（前四世紀前半）がそれに続く。しかもはじめは口語的用法として、直接話文のなかで用いられていた。それがやがてしだいに文語にも定着してゆき、アリストテレスの時代には地の文で普通に用いられるようになる、というのである。もしこの見通しが正しければ、この法の前半の成立は前五世紀中葉をさかのぼらない、という結論が導かれるのである。

以上の理由から、私はこの法の前半が、前五世紀なかば以降につくられた新しいものであると考える。

### ねじれた条文

したがって、この法の前半と後半では、成立年代においてねじれの関係が指摘できる。つまり、刑罰を定めた後半は前五世紀なかば以前の、犯罪行為を特定した前半はそれ以後の特徴を、それぞれそなえているという、奇妙な関係が見て取れるのである。このねじれの関係を、どのように説明したらいいのだろうか。

もっとも史料に忠実な解釈は、前半と後半がそれぞれ別々の時期に成立した、という見方である。すなわち、この法はある古い段階でその原型が成立し、のちにその前半だけが法改正によって書き換えられた。他方、刑罰を規定した後半は、なんらかの理由でその古い姿を温存し、その結果、デモステネスに引用されているような法文の形が成立した、と考えればつじつまが合うのである。

史料に厳密な形で論証できることは、じつはここまでである。ではその法の原型が成立したのはいつで、それは当初どのような行為を犯罪行為として規定していたのか、という疑問が当然生まれてくる。これに関しては、残念ながら確実なことは何もいえない。だから、ここから先はある程度の根拠をもった推測となる。推測ならば、いくつか手がかりはある。

私はその原型の成立が、おそらくペルシア戦争以前ではありえないと考えている。第三章に述べたように、アテナイ人が賄賂に対するどっちつかずで曖昧(あいまい)な価値観から一歩踏み出して、その国家に対する危険性を認識し、公的な立場からはっきり断罪する態度をとるようになるのは、ペルシア戦争以降のことだからである。

アテナイにおいては、前四七〇～前四六〇年代がその転機にあたる。前述したとおりアテナイ市民団は、ペルシア戦争末期および直後の段階に、「ペルシア内通と結びつく収賄行為に対しては、法の保護停止をもって罰すべし」という判断を、公的な場面で二度にわたってはっきりとくだした。一つは、ヘロドトスが伝える前四七九年の評議員リュキデスに対するリンチ事件、もう一つは前四七〇〜前四六〇年代と推測されるゼレイアのアルトミオスに対する決議である。

どちらも第三章で述べたので、くわしい事件の経緯を繰り返すことはしないが、いずれもペルシアから賄賂をもらってギリシア側を裏切る行為が、「法の保護停止」相当の行為であると市民団が判断した事例である。アルトミオスに対する決議には、はっきりとアティモス（法の保護停止）という語が用いられている。またリュキデスのリンチ事件では、正規の裁判なしに市民たちの実力行使が認められて被疑者が殺害されている点、しかもそのリンチが親族にまでおよんでいる点が、いま問題にしている一般贈収賄関連法の「その実行者、その子孫および財産はアティモスたるべきこと」という処罰規定と、まさに照応しているのである。

細かな論証は割愛するとして、以上二つの史料証拠から、私はもしこの法の原型がある時期に存在していたのならば、それはペルシア内通にかかわる収賄行為を、「法の保護停止」によって処罰するという趣旨の法であり、その成立は、ペルシア戦争末期ないし直後だったのではないかと推測する。

## 立法の背景

それでは、その原型法がいつ改正されて、デモステネスに引用されているようなテクストが成立したのか。この推測は、さらにむずかしい。

先ほど述べたように、この法の前半は、前五世紀なかば以降の新しい特徴をそなえている。他方、前四〇三／二年までには、民主政再建にともなって大規模な法の改正、整備がおこなわれたことが判明している。したがって、この前五世紀末のアテナイ法全体の見直しの時期に、同法の改正がおこなわれた可能性は高い。ただしこのころまでには、すでに後半部分におけるアティモスという言葉は、公民権停止という、比較的穏やかな意味にしか解釈されなくなっていたのだろう。

もう一つ、この法が前五世紀末の法改正の結果成立したと考える根拠として、その時代背景をあげることができる。前章で見たように、ペロポネソス戦争中には、それまで知られていなかった多種多様な形態の賄賂が認識されるようになり、その問題性が意識されるようになっていった。こうした賄賂事件の多様化ないし悪質化に対処する一つの方策として、すべての贈収賄行為を罰することのできるような、きわめて普遍妥当性の高い条件節をもつ法の成立が求められたのではないだろうか。

まとめるならば、一般贈収賄関連法は、まずその原型がペルシア戦争末期あるいは直後に、おそらくペルシア内通と関連する収賄を「法の保護停止」によって罰する趣旨で制定された。のちに前五世紀末、その前半のみが改正され、あらゆる贈収賄行為に法の適用範囲が広げられたが、他方、その定める刑罰の実質は、公民権停止というやや穏和なものとなった。以上が、同法の成立史である。

マクダウエルは、アルカイック期からアテナイ人が賄賂に対して終始きびしい価値観をもっていた、という前提に立って議論を出発させた。しかしこれまで見てきたように、一般にギリシア人の賄賂に対する価値観はもともと寛容なものであって、ある種の賄賂を公的な立場からきびしく断罪する価値観の登場が、ペルシア戦争をまたねばならなかったことは、明らかである。そのように考えると、贈賄も収賄も、あるいは公的利益を損ねるものも私的利益を損ねるものも、すべての贈収賄行為を、「法の保護停止」というきわめて過酷な刑罰をもって罰する法律が、アルカイック期にすでに成立していたとは考えがたいのである。

私は、むしろマクダウエルとは逆の考え方をとりたい。つまり、はじめアテナイ人は、各種の賄賂行為に対して、個別に法律や訴訟手続きを制定することで対処していた。しかし、やがてそうした場あたり的な方法では、つぎつぎにあらわれる新手の賄賂行為を摘発することがしだいに困難になった。そこで、ついに前五世紀末、この一般贈収賄関連法を完成することによって、およそ論理的に考えうるあらゆる贈収賄行為を摘発しようとした、と推測できるのではないか。そのほうが、ギリシア人の贈与と賄賂に対する両価的な態度とその克服という、彼らの社会規範がたどった苦難の過程を、よりよく説明できるからである。

## 6　賄賂と民主政

### 民主政の廃止まで

賄賂に対するアテナイ人の社会規範と法制度は、こうして前五世紀末までにその基本的な姿の完成を見た。前四世紀にはいってからも、とくに法廷弁論という形で、さまざまな賄賂非難の言説が生み出され、また賄賂事件に対して裁判も数多く起こされた。しかしそれらの非難や告発のもとになる社会規範や訴訟制度の大部分は、おおむね前五世紀末までに出現したものと私は考えている。

さて、ペロポネソス戦争に敗北して超大国の地位を失ったアテナイ民主政は、一時の政治的混乱を乗り越えて前四〇三年にあらたなスタートを切り、そののち前三二二年にいったん廃止されるまで、安定した体制を維持していった。他方、ギリシア世界の覇権をめぐる国際関係は、むしろ混迷の度を深めてゆき、その覇権もスパルタからテバイ、そして北方の新興大国マケドニアへと移った。アテナイ国内で政治問題化した賄賂事件も、こうした国際情勢を反映している。スパルタ、テバイ、アテナイなどが覇権をめぐって戦ったコリントス戦争（前三九五〜前三八六年）の時期に、将軍や政治家の収賄事件がいくつも表面化しているの

アクロポリス全景。パルテノン神殿、黄金と象牙でつくられたアテナ女神像、およびアクロポリスの正面玄関であるプロピュライアが、ほぼ同時並行で前5世紀後半に建造された。これら3つの公共事業に投じられた金額は、総計2000ないし3000タラントンと推計されている。

は、前世紀同様、敵国からの収賄が非難のやり玉にあげられたからである。

やがて前四世紀なかば以降、マケドニアとの外交的緊張が高まってゆくと、アテナイの政治家たちは、それぞれ自分のライバルである政敵がマケドニアから収賄したと主張して、頻繁にたがいを告発するようになった。前三二四年、アレクサンドロス大王の財務官ハルパロスが、アテナイに亡命してくるという珍事が起こる。ハルパロスは拘留されたが、その際彼は、七〇〇タラントンという大金をアテナイに差し出した。ところが、アクロポリスに保管されていたはずのその大金のうち、いつのまにか半分が消えてしまい、さらに驚くべきことに、それがアテナイの有力政治家を買収するために使われたという疑惑が浮かび上がったのである。

アテナイ民主政史上最後にして最大の贈収賄事件であるこのハルパロス事件は、前章で言及した「アレオパゴス評議会による捜査報告」によって告発され、その結果、デモステネスら数人の政治家が有罪とされた。この前代未聞の疑獄事件を置みやげに、二年後の前三二二年、アテナイ民主政はマケドニア軍の進駐によって、ひとまず終止符を打たれたのである。

前四世紀におけるアテナイの贈収賄に関しては、わが国では佐藤昇や澤田典子の優れた研究があるのでそれにゆずることにして、ここでは詳述しない。だが、そこでの賄賂非難のパターンは、本書で取り上げた前五世紀のそれと基本的には同工異曲である。前四世紀にあっても、やはり一貫して非難の対象となっているのは、将軍や政治家が敵国から賄賂をとって私腹を肥やし、ポリスの安全をおびやかす行為であった。

### 現代的汚職構造の不在

アテナイ市民の贈収賄に対する意識の変化を追ってみると、そこで問題視されている賄賂が、現代的な汚職の構図によるものとは、かなり異質であったことがわかる。

今日もっとも一般的な汚職事件とは、たとえば国内企業が公共事業の分配などをめぐって議員や官僚に贈賄し、便宜を図ってもらうといった図式によるものである。それは、贈賄側も収賄側もともに（特定の地域社会や日本国といった）同じ政治社会に属する人物であって、基本的に同一社会の内部でやりとりされる贈収賄であるから、対内的贈収賄とでも呼べるものである。こうした構図のしくみは、しばしば部外者にとって理解困難で、そこに外部から参入することは不可能であることが多い。

これに対しアテナイ民主政では、こうした現代的構図に似た贈収賄事件がほとんど見あたらないことに気づく。それは、そのような事件の発生が皆無であったことをかならずしも意味しないが、少なくとも史料のうえでは確認できないのである。アテナイの国力が絶頂に達したペリクレス時代には、パルテノン神殿建設など多くの公共事業が起こされて巨額の国費が投じられたのだが、それにもかかわらず、この公共事業にからむ贈収賄事件は、はっきりと実証できるものが一件もない。本書冒頭でふれた前四三八年のペリクレス裁判にしても、この種の贈収賄事件であったという確証はどこにもない。

現代的な官僚汚職の構図が、アテナイに見られないのはなぜであろうか。おそらくその答えは、アテナイ民主政の体質自体に求められるであろう。つまりアテナイ民主政のシステムそのものが、こうした腐敗を予防するしくみになっていたということである。

そもそもアテナイの役人とは、われわれの知る官僚とはまったくことなるアマチュア役人であって、その大多数は抽選で選任され、任期一年で原則として再任は許されなかった。しかも同種の役職には、たいてい一〇人一組の同僚団があてられた。一つの同僚団のなかにとくに序列はなく、また首席となる責任者が決められていたわけでもない。要するに、一人の役人に長期間強大な権限が集中することを意図的に避けるのが、アテナイ民主政の体質であった。この体質はアルカイック期以来、「賄賂をむさぼる貴族たち」の出現をはばむため、権力を極限まで細分化しようとする民主化の長い歩みのなかで、しだいに形づくられたものなのである。

こうしたアテナイ民主政において、役人への贈賄工作がたいへん効率の悪いものであったことは、容易に想像される。たとえ役人の贈賄に成功したとしても、個々の役人の権限が細分化されて微弱である以上、その影響は取るに足らないものであったにちがいない。たとえば一五年にわたっておこなわれたパルテノン神殿建造の最高責任者は、毎年民会で選挙される数人の建造監督官（エピスタタイ）であった。任期一年の彼らは毎年交代してしまうわけであるから、そのつど彼らに賄賂をわたしていたのでは、たとえ便宜を図ってもらえたにせよ、結果的に贈った賄賂の額を上回る成果が得られたかどうか、はなはだ疑問である。出世コースに乗った一人の官僚を長期間かけて買収し、あとで巨額の公共事業の分配にあずかるというような現代的汚職の構図は、ここでは成り立たない。

権力の集中しない組織のあり方が見られたのは、行政だけではなかった。近代的な企業経営というものがなかった古代では、巨額の資金を自由に贈賄に使うことのできる市民は、おそらくまれな存在であったことだろう。官僚組織も巨大企業も存在しなかったアテナイ民主政では、ポリス全体を揺るがすほどの重大な対内的贈収賄は、事件として発生しえなかったのである。

## 民主政という文脈

アテナイ民主政で重大視された贈収賄事件とは、何よりもポリスの外からもたらされる賄賂、すなわち対外的贈収賄をめぐるものであった。これまで見たように、ペルシア戦争中のペルシアからの収賄がその典型であるが、その後の将軍や政治家（民会や評議会での提案者）の収賄事件とされるものも、贈賄側と目されたのは、つねにポリス外部の何者かであった。

それはたとえばマケドニア王であり、シチリア島の住民であり、デロス同盟市民であり、あるいはアテナイ市民権取得をくわだてる外国人である。贈賄側として警戒の目を向けられたのは、たいていの場合、アテナイ市民から見た「よそ者」、つまり他者であった。これは、贈与というものが贈り手の人格の延長であった古代において、他者からの贈り物が、エリートをのぞく大多数のアテナイ市民によって、うさん臭い、手を触れてはならぬものと意識されていったことの反映であろう。

同時に、収賄者として糾弾（きゅうだん）されたのが、主として将軍と政治家であったことの意味も考えてみる必要がある。軍事の専門職である将軍は、一般の役人とちがって抽選ではなく選挙で選ばれるため、対外戦争で成功を収めたりすれば、人々の声望を集めやすかった。また任期一年で一〇人同僚団制ではあったものの、再任に制限はなかったから、他の役人に比べれば比較的強大な権限を行使できた。アテナイ市民としては、将軍に対する期待が大きかった反面、その権限に対する警戒心もまた根深かったのである。

他方、評議会や民会で発言する政治家たちは、将軍とちがって特定の役職に就いている必要はなかった。だから、役人ではない以上、たとえば執務審査によってその不正行為を摘発することが不可能であった。したがって、とくにペリクレスの死後、弁舌の才能を武器にして新興の政治家たちが強大な影響力をふるうようになったことは、これまたアテナイ市民たちにあらたな警戒心をいだかせたのである。

将軍にせよ政治家にせよ、その影響力の大きさを考慮にいれると、彼らの収賄は民主政のシステム自体の盲点といってよく、その体質によって予防することはできなかった。だからこそ、彼らの収賄行為は、前章で見たような法的訴追制度という、いわば対症療法によって処罰する必要があったのである。

将軍や政治家の収賄事件の場合、ポリスの外部から買収される対外的贈収賄がほとんどである。これに対し、唯一例外的に制裁を受けた対内的贈収賄が、法廷買収罪である。この種の賄賂に関してだけは、アテナイ市民は贈賄側、つまり裁判員に賄賂をわたす同胞市民に対して、きびしい処罰感情を向け、一連の訴訟手続きや法律を制定した。この種の賄賂は、前五世紀なかば以降、民衆裁判所による紛争解決が市民生活と密接なかかわりをもつようになってはじめて表面化したもので、これも民主政のシステムそのものに根ざして発生したタイプの賄賂であるといえよう。ゆえに、これまた訴追制度や法廷抽選手続きの厳格化という対症療法によって対処するしか、方法はなかったのである。

しかしながら、役人の権限を細分化するシステムにせよ、あるいは贈収賄に対する訴追制度にせよ、どちらも民主政という政体が完成してはじめて成り立ちうるものであったことも、否定できない。少数者が政権を独占していた貴族政にあっては、役人も役人を裁く側も、どちらも狭い範囲のエリート階層出身であった以上、収賄罪をきびしく摘発するしくみは期待できなかった。民衆がエリートの犯罪を裁くことができる民主政の世の中になってこそ、贈収賄といった公職者の罪を告発することが、一般市民にも可能になったのである。賄賂に対するきびしい社会規範や法的訴追制度の発展は、やはり民主政の完成を前提条件としたものであった。

## 賄賂はなぜ悪なのか

では、このような経験を重ねてきたアテナイ人は、賄賂に対する「悪いけれどもよい」という両価的な態度を、完全に克服できたといえるだろうか。けっしてそうではない。それどころか、前四世紀末になってもなお、彼らの賄賂に対する社会規範は、依然として近代的基準から見れば寛容であった。こころみに、前四世紀末の弁論家ヒュペレイデスの一節を引用してみよう。

裁判員諸君、先に民会でも述べたように、諸君は将軍や政治家たちがかなりの私的利得を得ることを容認してきた。彼らにそれを許したのは、法ではなく、諸君の寛容さと人間的な情であった。しかしながら一つだけ、諸君が監視を怠らなかったことがある。それは彼らの受け取った金が、諸君の利益を損なうためではなく、これを増大させるために使われているかどうか、ということなのである。［第五弁論二四〜二五節］

つまりヒュペレイデスにとって、賄賂のすべてが悪なのではなく、アテナイ市民団の利益を損なうような賄賂が悪いのである。この論法は、「では何が市民団の利益を損なう賄賂なのか」という説明を欠いていて、「公共悪だから悪である」という一種の同語反復に陥っている。しかし、アテナイ市民の「寛容さと人間的な情」にふれている点では、賄賂に対する両価的で複雑な感情を露呈しているのである。

ヒュペレイデスがこの弁論を語った前四世紀末においては、すでに例の一般贈収賄関連法が存在していた。同法が、市民団の利益を損なおうと市民個人の利益を損なおうと、あらゆる贈収賄を犯罪と断定しているにもかかわらず、彼がこのような意見を述べていることは興味深い。彼は、将軍や政治家の収賄が法によって許されるものではないことを認めながらも、一般の社会通念での話はまた別だ、と主張しているわけである。

アテナイ人の社会規範は、ペルシア戦争以降ある種の賄賂に対して厳格になっていった。それにもかかわらず、基本的にはやはり両価的であり、その両価性は、アテナイ民主政の歴史をとおして、けっして消滅はしなかった。ヒュペレイデスは、その葛藤(かっとう)にみちたアテナイ市民の感情を、公共の利害という観点から、いわば強引に合理化してみせたのである。

では、賄賂はなぜ民主政にとって悪なのか。この問いに対して、ヒュペレイデスのように皮相な合理化をするのではなく、より本質的な説明をあたえているのが、デモステネスである。前章で見たように、彼は第二一弁論で一般贈収賄関連法を引用する。デモステネスはこの法廷弁論のなかで、被告メイディアスが第三者に賄賂を贈り、彼を殺人罪で告発するようそそのかしたといって非難するのだが、同法を引用したのはこの非難に法的根拠をあたえるためだったらしい。

引用に先だってデモステネスは、裕福な者が貧乏な者にくらべ、裁判においていかに有利な立場に立つか、そしてそのことがいかに不当であるかということを、大半が貧しい市民であった裁判員の感情に訴えかけるかのように主張している［二〇九、二一二節］。つまり、富裕者が富の力によって正義をゆがめることこそ、賄賂が悪であるゆえんである、というのである。富の力が司法という民主政の意思決定過程に、賄賂という形で影響をあたえることに、彼は不正義を見いだしたのであった。

アテナイ民主政の最大の特徴は、所有財産の額が市民権資格と無関係であることにあった。つまり、貧富の差にかかわらず、両親ともにアテナイ人であれば、成年男子に均等な市民権が認められたのである。市民権があれば、民会で一人一票の投票権を平等に行使することができたし、その意志と能力さえあれば、役人や評議員に選ばれることも可能であった。実際のアテナイ社会には、貧富の差が厳然と存在していたし、富裕者が政治的にもより大きな影響力を行使できたことは、否定できない。にもかかわらず、アテナイ民主政のイデオロギーは、貧富による参政権の格差を原則として認めなかった。そして、現実にも、裁判員手当や民会手当を分配することによって、下層市民の政治参加を経済的に容易にする努力を怠らなかった。

アテナイ民主政が、貧富の差そのものを、たとえば土地再分配のようにラディカルな社会改革によって根本的に解消することは、ついになかった。しかし少なくとも、その差が貧しい市民の政治参加を妨げる事態は、極力避けようとしたのである。贈収賄が富の力によって市民団の意思決定を歪曲することであるならば、それを放置することは、貧富にかかわらず全員が均等に政治参加の権利をあたえられるという民主政の根本原則を揺るがすことになる。だからこそ、アテナイ民主政は贈収賄に対して、きびしい態度をけっしてゆるめなかっ

アゴラ全景。アゴラはアテナイ市民の公共空間で、アクロポリス北のゆるやかな斜面に広がる。評議会議場、民衆裁判所、役人の執務する建物などの公共施設があり、また商品が売買される市場でもあった。市民としての権利を剝奪された者は、アゴラへの出入りを禁じられた。

アゴラの境界を示す標石。「私はアゴラの境界標石である」と刻まれている。アテネ、アゴラ博物館蔵。

たのである。

## 民主政と互酬性

とはいえ、アテナイ民主政は、互酬性の原理そのものを否定することはできなかった。贈与互酬は、古代ギリシア社会を成り立たせている重要な原理の一つであり、アテナイ民主政もその枠内で動いていることにかわりはなかった。賄賂に対して依然寛容な態度が存続したのもその表れである。だがその一方で、民主政が互酬性の原理をうまく自己のシステムに組み入れることに成功したことも、無視できない。

アテナイ民主政は、富裕な市民もしくは非市民が、国家に対して有形無形の贈与をおこなった場合、これに名誉をあたえることによって顕彰し、その功に返報した。先に述べた外国人への市民権授与も、この返報の一形態である。また富裕市民に課された公共奉仕（レイトゥルギア）も、富裕者と国家との間に取り結ばれた贈与互酬関係であったといえる。軍船の艤装と修理を私費でまかなう三段櫂船奉仕（トリエラルキア）、演劇祭における合唱隊の養成を負担する合唱隊奉仕（コレギア）がその代表的なものであるが、この奉仕を課された富裕者は、巨額の私財を投じて公共奉仕をおこなうかわりに、名望家としての地位と名誉を得たのであった。

一方で贈収賄をきびしく摘発・処罰しながら、他方でこのように互酬性原理をシステムに組み込むことによって、アテナイ民主政は贈与文化をうまくコントロールしていたのである。

近代の基準から見れば、アテナイ市民の賄賂に対する態度は、たしかにわれわれのそれよりはるかに寛容であった。しかしこれを、民主政の堕落や機能不全、ましてやいわゆる衆愚政に結びつけるのは、近代の高みから古代を一方的に批判する誤りである。

かつて贈収賄は、ペロポネソス戦争をさかいに、前五世紀末からアテナイが衆愚政へと堕してゆく一つの表れと解釈されることがあった。「衆愚政」という概念が有効であるかどうかという問題はいま取り上げないにしても、こうした解釈は、ちょうどこの時期から登場した公的弁論という新しいジャンルの史料に、賄賂の横行がおびただしく言及されていることと関係がある。

弁論の目的は、法廷弁論であれそれ以外であれ、不特定多数の市民を前に、そのイデオロギーに訴えかけることによって、自己の主張を認めさせることであり、事実の客観的報告ではない。こうした公的弁論は、それ以外のジャンルのテクスト、たとえばヘロドトスやトゥキュディデスらの歴史叙述などとは、基本的に方向を異にするベクトルをふくんでいる。

賄賂に対する非難も、公的弁論で用いられる重要な説得手段の一つである。第一章で述べたように、賄賂の横行を嘆いてみせたり、特定の政治家が賄賂好きだといって非難するレトリックは、論敵を人格攻撃する手段として好んで用いられた。

前五世紀末に弁論というジャンルの文学が登場したことは、賄賂を非難しその横行を嘆く言説に、絶好のメディアをあたえ、それを文字化して後世に残すことにおおいに寄与した。賄賂について語る史料が、ここから急増するようになる。だから一見すると、この時期をさかいに、アテナイ市民が急激に公徳心を喪失して堕落し、賄賂に手を染め出したかのような印象を受ける。しかし、それは弁論という史料の性質が生み出す、一種の錯覚なのである。賄賂の横行が民主政の堕落衰退の兆候であると考えたかつての古典学説は、賄賂を無条件に倫理的悪とする前提に立っていた。だがその前提は、贈与互酬にさほどなじみのない西欧近代的価値観による偏見であるといえないだろうか。

贈与互酬は、つねにギリシア文化の重要な一部であった。大切なのは、ギリシア人の文化を彼らの文脈の範囲内で理解することである。アテナイ民主政を動かしていたのは、啓蒙主義以降の西欧近代に確立されたような政治理論ではなく、古代ギリシア人の心性を深いところでささえていた文化的・社会的な力学であった。フィンリーはつぎのように説く。

> 民会の構成員は〔今日の議会制民主主義における〕議会の構成員を拘束する統制から自由であった。すなわち彼らは役職を持たず、選出されたわけでもないので、次回の選挙の際にそれまでの投票記録に照らして罰を受けたり、報いを受けたりすることはなかった。しかし、彼らは人間的条件からは自由ではなかった。すなわち慣習や伝統、家族や友人、階

級や身分の影響から、さらには個人的な体験、怨恨、偏見、価値、願い、恐れ、といった、多くは無意識のうちにあるものから自由ではなかった。〔民会議場のある〕プニュクスの丘にのぼっていた時、彼らはそうしたものを背負っていたのであり、そうしたものを背負いながら彼らは論議に耳を傾け、決定を下した。（『民主主義――古代と現代』柴田平三郎訳、九〇～九一頁）

先に引用したヒュペレイデスのいう「寛容さと人間的な情」とは、フィンリーのいう「人間的条件」と重なるものであろう。賄賂に対するアテナイ人の両価的態度も、このような背景において理解しなくてはならない。古代の賄賂に対して近代の立場から倫理的判断をくだすのは、容易だが意味のないことである。

むしろ注目すべきは、賄賂に対して両価的な態度をもっていたにもかかわらず、アテナイ人が賄賂の危険性についての意識を育て、非難の言説と処罰の制度を発展させたことである。アテナイ民主政は、賄賂に対してけっして無為無策だったのではない。それが公共性を虫食いのように食いあらすことを、アテナイ市民は見抜いていた。民主政が民主政でありつづけるためには、賄賂との格闘をやめるわけにはいかなかったのである。その格闘のなかで育てていった意識と社会規範こそ、民主政の発展史において古代ギリシア人が達成した一つの成果であるといえるだろう。

# あとがき

博士論文に取り組んでいたころ、アテナイの公職者が裁判にかけられる事例を調べていくうちに、収賄罪で告発されるケースが頻繁に目にとまった。その後、贈収賄という事象の背後に、古代ギリシア人固有の価値観や文化が広がっていることに気づいてから、法律や制度だけでは説明できないアテナイ民主政の、いわば隠された文法を探り当ててみたくなった。二〇〇二年から翌年にかけて、国際交流基金の助成を受け、ケンブリッジ大学古典学部の客員研究員として在外研究に従事した。滞在中、アテナイの贈収賄について、多くの海外研究者たちと意見交換ができた。ケンブリッジ大学で二度、ダラム大学で一度、それぞれ研究発表の機会を与えられたが、それをもとにした論文を、帰国後ケンブリッジのさる学会誌に投稿し、掲載してもらった。本書の第五章は、この論文を核にしている（Hashiba 2006）。

イギリス生活で強く感じたのは、日本人と欧米人とでは、贈り物や互酬についての考え方に、想像以上の差異があるということだった。日本の盆暮れや冠婚葬祭の贈答習慣は、いくら言葉をつくして説明してみても、なお彼らの目には奇異に映るらしいし、また逆に、日本人から見て当然返礼すべき場合に、彼らがそうするとは限らないのである。だとすれば、古代ギリシアの賄賂に関しても、これまで欧米の研究者が見落としてきた問題がたくさんあるはずだ、というのがそのとき私の得た着想であった。本書のモチーフも、この着想が原点になっている。

一〇年以上にわたる賄賂研究の一端を、本書のような形で世に問うことができるのは、思えば望外の歓びである。この間、前任校大阪外国語大学、および現在勤務する東京大学大学院の同僚諸兄には、ひとかたならぬお世話になった。また私の研究を支援してくださった恩師、先学諸賢、同学諸氏ならびに友人諸君にも、衷心より謝辞を呈したい。とくにラテン・ヨーロッパ史研究会の仲間たちには、その変わらぬ友情に厚く謝意を申し述べる。

そして誰より、ケンブリッジでの日々をふくめ、これまでいつも私を支えてくれた家族、とりわけ妻に、感謝の気持ちを伝えたい。

最後になったが、執筆依頼から原稿が仕上がるまでの七年間、辛抱強く私を督励してくださった、山川出版社編集部に、この場をかりて心より御礼申し上げる。

二〇〇八年八月

橋場　弦

# 学術文庫版のためのあとがき

二〇〇八年に出た旧著『賄賂とアテナイ民主政――美徳から犯罪へ』（山川出版社）が、このたび講談社学術文庫として再刊の機会を得たことは、著者にとって大きな喜びである。

本書は基本的に初版時点での成果であって、再刊にあたっても論旨を大きく変更したところはない。だが、以来一六年の歳月を顧みると、内外の研究状況も私自身の問題関心も移り変わっている。その経緯も踏まえ、本書の内容について、ここに若干の贅言（ぜいげん）を費やしてみたい。

賄賂というと私の世代では、ロッキード事件、リクルート事件、KDD事件といった出来事が思い浮かぶだろう。最近では、東京五輪汚職やIR汚職が記憶に新しいと言えようか。現代日本の話にかぎらず、賄賂は洋の東西を問わず見られる普遍的な現象であり、その意味で歴史研究にとっても魅力的なテーマである。本書第三章でも述べたが、弁当箱の底に銀一タラントンを詰めて相手を買収する話に、菓子折の底に現金をしのばせる日本の伝統的な手口を思い起こす読者も多いのではないだろうか。

旧約聖書『箴言（しんげん）』には、「悪しき者は人のふところからまいないを受けて、さばきの道をまげる」(一七章二三節、日本聖書協会口語訳)とある。これは裁判官の収賄を嘆いた言説として、本書第二章に引用したヘシオドスの、「されば賄賂をむさぼる貴族たちよ、……裁定をゆがめることなど一切忘れ去るがよい」という詩句と、趣旨が符合する。東地中海域の東と西で、同じ類型の賄賂言説が誕生していたことは興味深い。

また、日本中世における贈与と互酬性のあり方を鮮やかに解明した名著『贈与の歴史学――儀礼と経済のあいだ』(中公新書、二〇一一年)の中で、桜井英治はこう述べる。「中世の日本は、文書の発給や訴訟などさまざまな場面で礼銭＝非公式の手数料が求められた社会であった。賄賂社会といってしまえばたやすいが、公式の手数料というものが存在しなかった社会では、……それは賄賂と紙一重、というよりそもそも区別しようのないものなのだ」(六八頁)。

ひるがえって、経済のグローバル化が進展した現在、財政の透明性と説明責任は、グローバル・スタンダードとなりつつある。しかし、人類が賄賂の問題に歴史上どのように取り組んできたかは、それぞれの時代や文化といった文脈に強く規定されており、単純に公務員や権力者の倫理欠如に還元して理解できるものではない。私たちの視点から見れば賄賂が公然と行われていながら、当事者たちがまったくそれを問題にしない社会というものも、実在するだろう。中世日本の社会も、おそらくそれに近かったにちがいない。

近代資本主義社会は、濃厚な社会関係をともなう贈与交換に代わり、需要と供給の原理に基づく市場交換が支配的な社会である。だから資本主義に適合的な近代官僚制が、贈与の一種である賄賂を異物として排除したのは、当然であった。マックス・ウェーバーによれば、「行政手段（Verwaltungsmittel）と行政幹部（Verwaltungsstab）の私的所有物との完全な分離」こそ、近代官僚制成立の重要な要件である。行政に必要な手段（役所・備品・道具など）は公有物であってけっして役人の私物ではなく、行政の経営と役人の家計とは完全に切り離されねばならない。こうした（私たちにとっては当たり前の）公私の峻別は、公務員の収賄をきびしく禁ずる基本原則である。逆にこの原則が未発達であったアンシャン＝レジーム期フランスでは、官職が公然と売買され、そして官職を買い取ったブルジョワジーは、いわばその元を取るため、これまた公然と賄賂を受け取ったのである。

ところが、ギリシア人、とくに民主政を達成したアテナイ人は、近代資本主義の成立からはるかに時をへだてた古代に生きていたにもかかわらず、賄賂の問題を見過ごすことができなかった。問題は、彼らがなぜ賄賂を見過ごせなかったのか、ということである。本書が追究したテーマの核心も、そこにある。ペルシア戦争というギリシア世界全体にとっての危機が最初の転機となり、その後アテナイの内外で起こったさまざまな歴史的展開が、賄賂に対するきびしい価値観を生み育てていった。そのありさまを、本書の中に読み取ってもらえれば幸いである。

ところで、ここで不思議に思うのは、哲学者アリストテレスが晩年の著作『政治学』の中で、賄賂の問題性についてほとんど言及していないことである。民主政の崩壊要因として彼が問題にするのは、いわゆる「デマゴーグ（扇動政治家）」の傲慢な言動であって（五巻五章）、賄賂が直接に民主政を崩壊に導くとは述べていない。

ただしアリストテレスは、強固な門閥支配が長く続くクレタ島にまつわる話の中で、賄賂について次のように述べている。「クレタの民衆は〔治安維持官の職に〕あずからずとも騒ぎ立てることがない。……というのも、治安維持官の住むクレタ島は賄賂を贈ろうとする人々から遠く離れているため、治安維持官の地位は（スパルタの）監督官と違って得にはならないからである」（二巻一〇章、神崎繁・相澤康隆・瀬口昌久訳、丸カッコ内引用者）。つまり、クレタ諸国の筆頭官職である治安維持官（コスモイ）は、外部からはるばる海を越えて辺境クレタに賄賂をもたらす人などいないため、役得が受けられず、したがって民衆は誰もその役職に就きたがらない、という趣旨である。

クレタの民衆が公職に参与できないことの説明として、これはいささか的外れかもしれない。だが裏を返せば、スパルタやアテナイのように国際政治の渦中にある大国には、外部から賄賂がもたらされる機会も多く、したがって政治家や役人も腐敗しやすい、という意味にも解釈できる。

ある国が置かれている地理的な位置、つまり地政学的な観点から賄賂の発生を説明するこの論理は、本書で言う「対外的贈収賄」を問題視したアテナイ市民の価値規範と、どこかで通じるものがあるようにも見える。しかし気になるのは、ここでのアリストテレスの語りに、賄賂の害悪をどうしても見過ごせない、というほどの強い規範意識が感じられないことである。むしろ、その横行を当然のように受け止めているようなふしさえある。つまりアリストテレスは、民主政の当事者であるアテナイ市民ほど賄賂の問題性に敏感ではなかった、とも言える。哲学思想と市民感覚とのズレ、ということなのかもしれない。

話が、少し脇道に逸れた。本書初版以降の研究動向にも触れておきたい。海外における研究では、デロス同盟諸国とアテナイの政治エリートの間で交わされる贈収賄が政治問題化し、それが同盟貢租金の廃止と五％の輸出入関税の導入につながった（前四一三／二年）と論ずるL・レイザーの所説（Lazar 2024）が、本書での議論と一部重なって注目される。またM・カネヴァロのラディカルな学説（Canevaro 2013）は、デモステネスの弁論に引用される法や決議のかなりの部分を偽作と断じ、学界に衝撃を与えた。その中には、本書でも援用した第二一弁論『メイディアス弾劾』一一三節の「一般贈収賄関連法」も含まれる。ただ冒頭にも断った理由から、今回本書での論旨を改めることは、あえてしなかった。この問題については、いずれ再考する機会もあるかもしれない。

国内では、本書初版とほぼ同時に上梓され、同様にアテナイにおける賄賂の問題に取り組んだ業績として、佐藤昇『民主政アテナイの賄賂言説』（山川出版社、二〇〇八年）がある。佐藤はアテナイの公的弁論で展開されるさまざまな賄賂非難の言説の中に、「権力を抑制すべきだと考える主体」すなわち市民団の論理を読み取る。また賄賂と直接関わらぬが、互酬性が古代ギリシア社会の結合原理としていかに大きな役割を果たしたかを論じたものとしては、栗原麻子『互酬性と古代民主制――アテナイ民衆法廷における「友愛」と「敵意」』（京都大学学術出版会、二〇二〇年）が目を引く。

しかし、近年もっとも注目すべき動向は、古代ギリシアにおける贈与交換や互酬性経済に対する見方が、かなりの程度変容を迫られていることである。かつては、古代ギリシア社会における交換の基本的なモードが贈与交換であり、平時にあって他者を犠牲にして利益を追求することはタブーであったとするフィンリーの学説が、広く受け入れられていた（本書第二章）。ところが今世紀に入り、新制度派経済学の影響力が大きくなると、潮目が変わった。市場経済や貨幣経済の役割が、以前より重視されるようになったのである。利潤や財産を最大限に追求することは、ギリシア人にとって根源的な欲求であり、彼らの伝統的価値観とは矛盾しない、という説さえ現れた（Leese 2021）。もしそうだとすると、古代ギリシア人にとっての賄賂は、互酬性の枠組みではなく、貨幣へのあくなき獲得欲求といった、いわば「資本主義的」な論理で説明しなければならなくなるかもしれない。

以上、賄賂や贈与について新しい観点が生まれていることに言及した。それを別にすれば、再刊にあたっては明らかな誤記などを訂正し、文章表現に若干手を加え、最新の参考文献を追加する程度の修正にとどめた。私自身の問題関心は、その後、古代ギリシアの民主政を空間的にも時間的にも広い文脈からとらえ直し、その全体像を再構成することに向けられて今日に至っている（『古代ギリシアの民主政』岩波新書、二〇二二年）。賄賂をその中でどのように位置づけてゆくべきかが、今後の課題だと思っている。

最後になったが、今回も文庫化の手続きと編集の実務にあたってお世話になった講談社の梶慎一郎氏に、衷心より謝意を表したい。

二〇二四年四月

橋場　弦

# 参考文献

## 史料邦訳

アイスキュロス「ペルサイ――ペルシアの人びと」(『ギリシア悲劇全集2』) 西村太良訳　岩波書店　一九九一年
アリストテレス「政治学」(『アリストテレス全集17』) 神崎繁・相澤康隆・瀬口昌久訳　岩波書店　二〇一八年
伝アリストテレス「アテナイ人の国制」(『アリストテレス全集19』) 橋場弦訳　岩波書店　二〇一四年
トゥーキュディデース『戦史』(上・中・下) 久保正彰訳　岩波文庫　一九六六－六七年
ホメロス『イリアス』(上・下) 松平千秋訳　岩波文庫　一九九二年

## 碑文史料

『ギリシア碑文集成』＝*Inscriptiones Graecae*

## 研究文献

Canevaro, M., *The documents in the Attic orators: laws and decrees in the public speeches of the Demosthenic corpus*, Oxford, 2013.
Cartledge, P.A., *The Greeks: a portrait of self and others*, Oxford, 1993.
Cary, M., 'Arthmius of Zeleia', *Classical Quarterly* 29, 1935, 177-180.
Finley, M.I., *The world of Odysseus* (2nd edn.), New York, 1979.

Finley, M.I., *Democracy ancient and modern* (2nd edn.), New Brunswick/London, 1985.

Gill, C., Postlethwaite, N., Seaford, R. (eds.), *Reciprocity in ancient Greece*, Oxford, 1998.

Hall, E., *Inventing the barbarian: Greek self-definition through tragedy*, Oxford, 1989.

Harvey, F.D., 'Dona ferentes: some aspects of bribery in Greek politics', in P.A. Cartledge, F.D. Harvey (eds.), *Crux. Essays presented to G.E.M. de Ste. Croix on his 75th birthday*, Exeter/London, 1985, 76-117.

Hashiba, Y., 'Athenian bribery reconsidered: some legal aspects', *Proceedings of the Cambridge Philological Society* (*Cambridge Classical Journal*) 52, 2006, 62-80.

Herman, G., *Ritualised friendship and the Greek city*, Cambridge, 1987.

Kulesza, R., *Die Bestechung im politischen Leben Athens im 5. und 4. Jh. v. Chr.*, Konstanz, 1995.

Lazar, L., *Athenian power in the fifth century BC*, Oxford, 2024.

Leese, M., *Making money in ancient Athens*, Ann Arbor, 2021.

MacDowell, D.M., 'Athenian laws about bribery', *Revue Internationale des Droits de l'Antiquité*, 3[e] ser. 30, 1983, 57-78.

MacDowell, D.M. (ed.), *Demosthenes. Against Meidias*, Oxford, 1990.

Meiggs, R., *The Athenian empire*, Oxford, 1972.

Millett, P., 'Hesiod and his world', *Proceedings of the Cambridge Philological Society* 30, 1984, 84-115.

Mitchell, L.G., *Greeks bearing gifts: the public use of private relationships in the Greek world, 435-323 BC*, Cambridge, 1997.

Noonan, J.T., *Bribes*, New York/London, 1984.

Osborne, M.J., *Naturalization in Athens* I-II, Brussels, 1981-82.

Perlman, S., 'On bribing Athenian ambassadors', *Greek Roman & Byzantine Studies* 17, 1976, 223-233.

Reden, S. von, *Exchange in ancient Greece*, London, 1995.

Rhodes, P.J., *The Athenian boule*, Oxford, 1972.

Rhodes, P.J., 'Bastards as Athenian citizens', *Classical Quarterly*, 2nd ser. 28, 1978, 89-92.

Rhodes, P.J., *A commentary on the Aristotelian Athenaion Politeia*, Oxford, 1981.

Stein-Hölkeskamp, E., 'Arthmios', *Neue Pauly* 2, 1997, 64-65.

Strauss, B.S., 'The cultural significance of bribery and embezzlement in Athenian politics: the evidence of the period 403-386 B.C.', *Ancient World* 11, 1985, 67-74.

Wankel, H., 'Die Korruption in der rednerischen Topik und in der Realität des klassischen Athen', in W. Schuller (ed.), *Korruption im Altertum*, München/Wien, 1982, 29-47.

ポール・カートリッジ『古代ギリシア人──自己と他者の肖像』橋場弦訳　白水社　二〇〇一年（新装版二〇一九年）

ナタリー・Z・デーヴィス『贈与の文化史──16世紀フランスにおける』宮下志朗訳　みすず書房　二〇〇七年

M・I・フィンリー『オデュッセウスの世界』下田立行訳　岩波文庫　一九九四年

M・I・フィンリー『民主主義──古代と現代』柴田平三郎訳　講談社学術文庫　二〇〇七年

栗原麻子『互酬性と古代民主制──アテナイ民衆法廷における「友愛」と「敵意」』京都大学学術出版会　二〇二〇年

桜井英治『贈与の歴史学――儀礼と経済のあいだ』中公新書　二〇一一年
佐藤　昇『民主政アテナイの賄賂言説』山川出版社　二〇〇八年
澤田典子「前三二〇年代後半のアテナイの政局――ハルパロス事件を中心に」『史学雑誌』一一四編二号　二〇〇五年　三六-五八頁
澤田典子『アテネ　最期の輝き』講談社学術文庫　二〇二四年
橋場　弦『アテナイ公職者弾劾制度の研究』東京大学出版会　一九九三年
橋場　弦「アテナイ民主政における贈収賄罪の成立――法制的側面から」『古代文化』四八巻七号　一九九六年　一-一六頁
橋場　弦『民主主義の源流――古代アテネの実験』講談社学術文庫　二〇一六年
橋場　弦「賄賂研究の射程」『歴史評論』八六一号　二〇二二年　六-一九頁
橋場　弦『古代ギリシアの民主政』岩波新書　二〇二二年

# 図版出典一覧

Boegehold, A.L., *The lawcourts at Athens: sites, buildings, equipment, procedure, and testimonia (the Athenian agora 28)*, Princeton, American School of Classical Studies at Athens, 1995, fig.8. [本書一一一頁]

Camp, J.M., *The Athenian agora: excavations in the heart of classical Athens* (2nd edn.), London, Thames and Hudson, 1992, pp.101, 102, 111. [本書四八頁上下・一一七頁下]

Camp II, J.McK., *The Athenian agora: site guide* (5th edn.), Princeton, American School of Classical Studies at Athens, 2010, p.49. [本書一〇五頁上]

Cartledge, P.A. (ed.), *The Cambridge illustrated history of ancient Greece*, Cambridge, Cambridge University Press, 1998, pp.98f., 175. [本書七六・七七頁]

Cartledge, P.A., *Thermopylae: the battle that changed the world*, London, Macmillan, 2006, fig.5. [本書八九頁]

Dover, K.J., *Greek Homosexuality* (2nd edn.), Cambridge, Mass., Harvard University Press, 1989, fig. R791. [本書三三頁]

Meiggs, R., *The Athenian empire* (2nd edn., reprinted), Oxford, Clarendon Press, 1987, cover. [本書八一頁]

Morrison, J.S., Coates, J.F., Rankov, N.B., *The Athenian trireme: the history and reconstruction of an ancient Greek warship* (2nd edn.), Cambridge, Cambridge University Press, 2000, fig. 72, 80. [本書五九頁上下]

著者撮影 [本書一三頁上・一七・二二・二三・五〇・六三・七〇・八六・九〇・九一・九七・九九・一〇三頁上下・一〇五頁下・一一四・一一五・一一七頁上・一三五・一四五頁上下]

本書は、二〇〇八年に山川出版社より刊行された『賄賂とアテナイ民主政――美徳から犯罪へ』を、文庫化にあたり改題したものです。

橋場　弦（はしば　ゆづる）

1961年，札幌市生まれ。東京大学文学部卒業。同大学院人文科学研究科博士課程修了。博士（文学）。現在，東京大学大学院人文社会系研究科教授。著書に『アテナイ公職者弾劾制度の研究』『民主主義の源流——古代アテネの実験』『古代ギリシアの民主政』『西洋古代史研究入門』（共著）ほかがある。

定価はカバーに表示してあります。

# 賄賂と民主政

## 古代ギリシアの美徳と犯罪

橋場　弦

2024年7月9日　第1刷発行

発行者　森田浩章
発行所　株式会社講談社
東京都文京区音羽2-12-21 〒112-8001
電話　編集（03）5395-3512
販売（03）5395-5817
業務（03）5395-3615

装　幀　蟹江征治
印　刷　株式会社ＫＰＳプロダクツ
製　本　株式会社国宝社
本文データ制作　講談社デジタル製作



ISBN978-4-06-536405-5

# 「講談社学術文庫」の刊行に当たって

これは、学術をポケットに入れることをモットーとして生まれた文庫である。学術は少年の心を養い、成年の心を満たす。その学術がポケットにはいる形で、万人のものになることは、生涯教育をうたう現代の理想である。

こうした考え方は、学術を巨大な城のように見る世間の常識に反するかもしれない。また、一部の人たちからは、学術の権威をおとすものと非難されるかもしれない。しかし、それはいずれも学術の新しい在り方を解しないものといわざるをえない。

学術は、まず魔術への挑戦から始まった。やがて、いわゆる常識をつぎつぎに改めていった。学術の権威は、幾百年、幾千年にわたる、苦しい戦いの成果である。こうしてきずきあげられた城が、一見して近づきがたいものにうつるのは、そのためである。しかし、学術の権威を、その形の上だけで判断してはならない。その生成のあとをかえりみれば、その根は常に人々の生活の中にあった。学術が大きな力たりうるのはそのためであって、生活をはなれた学術は、どこにもない。

開かれた社会といわれる現代にとって、これはまったく自明である。生活と学術との間に、もし距離があるとすれば、何をおいてもこれを埋めねばならない。もしこの距離が形の上の迷信からきているとすれば、その迷信をうち破らねばならぬ。

学術文庫は、内外の迷信を打破し、学術のために新しい天地をひらく意図をもって生まれた。文庫という小さい形と、学術という壮大な城とが、完全に両立するためには、なおいくらかの時を必要とするであろう。しかし、学術をポケットにした社会が、人間の生活にとってより豊かな社会であることは、たしかである。そうした社会の実現のために、文庫の世界に新しいジャンルを加えることができれば幸いである。

一九七六年六月

野間省一

# 外国の歴史・地理

2255
笈川博一著
## 古代エジプト　失われた世界の解読
二七〇〇年余り、三十一王朝の歴史を繙く。ヒエログリフ（神聖文字）などの古代文字を読み解き、『死者の書』から行政文書まで、資料を駆使して、宗教、死生観、言語と文字、文化を概観する。概説書の決定版！

電P

2271
篠田雄次郎著
## テンプル騎士団
騎士にして修道士。東西交流の媒介者。王家をも経済的に支える財務機関。国民国家や軍隊、多国籍企業の源流として後世に影響を与えた最大・最強・最富の軍事的修道会の謎と実像に文化社会学の視点から迫る。

2345
橋場　弦著
## 民主主義の源流　古代アテネの実験
民主政とはひとつの生活様式だった。時に理想視され、時に衆愚政として否定された「参加と責任のシステム」の実態を描く。史上初めて「民主主義」を生んだ古代アテナイの人びとの壮大な実験と試行錯誤が胸をうつ。

2350
森谷公俊著
興亡の世界史
## アレクサンドロスの征服と神話
奇跡の大帝国を築いた大王の野望と遺産。一〇年でギリシアとペルシアにまたがる版図を実現できたのはなぜか。どうして死後に帝国がすぐ分裂したのか。栄光と挫折の生涯から、ヘレニズム世界の歴史を問い直す。

電P

2351
森安孝夫著
興亡の世界史
## シルクロードと唐帝国
従来のシルクロード観を覆し、われわれの歴史意識をゆさぶる話題作。突厥、ウイグル、チベットなど諸民族の入り乱れる舞台で大役を演じて姿を消した「ソグド人」とは何者か。唐は本当に漢民族の王朝なのか。

電P

2352
杉山正明著
興亡の世界史
## モンゴル帝国と長いその後
チンギス家の「血の権威」、超域帝国の残影はユーラシア各地に継承され、二〇世紀にいたるまで各地に息づいていた！　「モンゴル時代」を人類史上最大の画期とする、日本から発信する「新たな世界史像」を提示。

電P

## 外国の歴史・地理

2792
鹿島　茂著
### デパートの誕生
豪華絢爛。お客は恍惚。一九世紀半ば激動のフランスで、消費資本主義を体現した「ボン・マルシェ」の壮大な成功譚を、貴重な古書や仏文学作品から採取。デパートが最も輝いていた時代とパリの風景を活写する！

電P

2795
若林正丈著
### 台湾の歴史
一七世紀のオランダ統治から現代まで、複雑で濃密な歴史が「台湾人」のアイデンティティを育んだ。多様な民族と移住者が生きる特異な「非承認国家」。奇跡の経済発展と民主化を遂げた「麗しの島」の四〇〇年。

電P

2802
澤田典子著
### アテネ　最期の輝き
紀元前三三八年、ギリシア敗戦！　その後「民主政」はどうなった？　デモステネスらの闘いの跡を追い、アレクサンドロス躍進の陰で「黄昏」と呼ばれたアテネの実像を明らかにする、第一人者による「亡国」のドラマ。

電P

2803
井波律子著
### 裏切り者の中国史
欲望の渦巻く中華世界を駆け抜け、歴史を動かした、個性溢れる反逆者たち。『史記』『戦国策』『三国志』『世説新語』等の史料から、悪漢たちの数奇な人生を描き切る。中国史・中国文学ファン必携の一冊！

電P

2805
高津春繁・関根正雄著（解説・永井正勝）
### 古代文字の解読
発音も不明な謎に満ちた文様――エジプト聖刻文字、楔形文字、ヒッタイト文書、ウガリット文書、ミュケーナイ文書。解読への忍耐の軌跡を、平易かつ正確に描写。数千年を超えた過去との交流を体感する名著！

電P

2814
樺山紘一著
### ヨーロッパの出現
森と石、都市と農村が展（ひら）いた後発のヨーロッパ文明は、どのようにして世界史の領導者になったのか。その歴史のリズムを読み、文明を一つのシステムとして通観する。西洋史の泰斗による格好のヨーロッパ入門！

電P